もう誰も潰さない！辞めさせない！

スグできる！人材定着25の実践

社会保険労務士
川越 雄一
Kawagoe Yuichi

労働調査会

はじめに

辞めるつもりで入社する人もいなければ、辞められるために採用をする会社などないはずです。しかし、せっかく採用しても、3年どころか1年足らずで早々に辞められてしまう会社は少なくありません。早々に辞められてしまうと人手が足りないものですから、残った従業員に過度な負担が掛かり、その人たちにも辞められるという悪循環に陥ってしまいます。

では、なぜこのような悪循環に陥るのでしょうか。私は約30年間、多くの会社を見てきましたが、失礼承知で言うなら、定着の悪い会社は、やるべきことを、やるべきときにやっていないのです。また、やるべきでないことを、やるべきでないときにやっているということを強く感じます。

従業員の定着を考えるうえで重要なのは「人は理屈では動かず感情で動く」ということです。賃金などの労働条件は、世間相場と比べて遜色《そんしょく》ないのに定着が悪かったり、逆に労働条件はそうでもないのに定着が良かったりするのはそのためです。労務は人の感情を相手にしますから、会社が行う定着策も「何をしたか」というより「誰がしたか」、そして、従業員がそれを「どう感じ取ったか」で結果が決まります。

このように考えますと、労務というのは営業の仕事に似ています。従業員は内部顧客ともいわれますが、その内部顧客と人間関係をつくることが定着を含めた労務の神髄《しんずい》だからです。

また、定着策を含め労務は経営の根幹をなすものであり、担当者である一従業員の思いだけではどうしようもなく、トップの取り組み方がカギを握ります。ですから、トップが「定着させる」と腹を決めたら、一度や二度の失敗に一喜一憂することなく、人をトコトン大切にしてみてください。

そして、働く人が「会社から大切にされている」と感じるようになれば、その会社のために働き続けようと考えますから自ずと定着は良くなります。

鉄は熱いうちに打てともいいます。3年間定着させることは重要ですが、同時に3年以降も会社の求める人材になってもらうための基礎固め期間でもあります。ここがおろそかだと後々の軌道修正が難しく、正社員らしくない正社員になったりするからです。ちょうど、建物でも高層になればなるほど基礎工事が重要になりますが、それと同じようなことです。ですから、将来の成長を期待すればするほど、採用後3年間の基礎固めが重要になるのです。

そこで本書は、人が会社を辞めたくなる周期といわれる三日三月三年《みっかみつきさんねん》を意識しながら、おおむね3年間を基礎固め期間と位置づけた定着策を提案します。法律や経営を意識しながらも、人の気持ちに寄り添う内容です。もちろん、このような定着策は新入社員ばかりではなく、既存の従業員にも間接的に好影響をもたらし会社全体の活性化につながります。2018年に出版した『欲しい人材がグッとくる求人・面接・採用のかくし味』（労働調査会）の続編としての位置づけです。

定着策で意識すべきは「やるべきとき」ですが、心理学者であるマズローが提唱した「欲求5段階説」がベースです（31ページの図参照）。この中で、主に第2段階「安全の欲求」、第3段階「所属と愛の欲求」、第4段階「承認の欲求」を満たす定着策について、3年間を5つの想定期間に分け25の実践としました。5つの定着段階におけるねらいは次のとおりです。採用時は、まず会社に安心してもらうこと、採用後1カ月程度は会社に馴染ませること、採用後3カ月から6カ月程度は信頼関係を築くこと、採用後6カ月から2年程度は働きぶりを認めること、そして、採用後3年程度は自信を持たせることです。

どの定着策も日常的に転がっていることで、「何だ、この程度のことか」というものばかりですから、小さな会社でもスグに取り組めるはずです。

もちろん、人の欲求や成長には個人差があり、また、ある日突然欲求レベルが進化するわけでもありませんから、想定期間は目安としていただき、従業員の欲求レベルを見極めながら適宜実践されれば結構です。

本書が、日々の経営に苦労しながらも「働く人が幸せを感じる会社」をつくりたいという、思いの強い経営者や管理者にとって何らかのヒントになれば、著者としてこれ以上の喜びはありません。

目次

第1章 まずは安心させる ─採用時─ 37

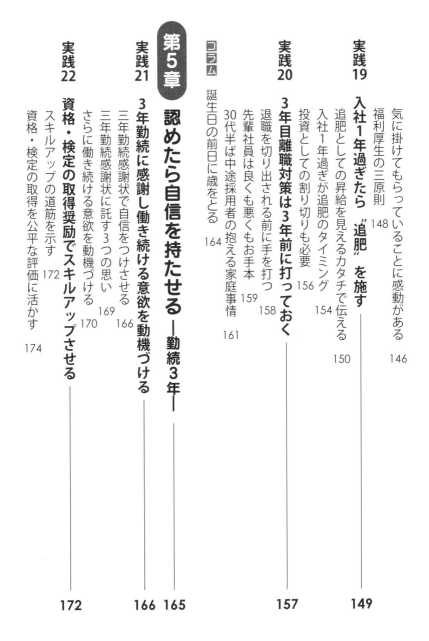

プロローグ

なぜ採用しても
すぐ辞められるのか

せっかく採用しても定着しない

採用難のなか、せっかく採用した人が早々に辞めていく会社は少なくありません。

昔から「三日三月三年《みっかみつきさんねん》」といわれますが、特に3カ月から3年未満というのが鬼門のようで、採用、退職、そしてまた採用の繰り返しです。それでも、まだ採用できるうちは良いのですが……。

せっかく採用できたのに

もっともらしい理由はつけてくるものの、せっかく採用した人が早々に辞めるというのは何とも辛いものです。ですから、夕方、新入社員と二人きりになるとドキドキするのです。

「すみませんが……」のひと言にドキッ

退職の申し出というのは夕方、周りにあまり人がいない場合が多いものです。もちろん、そんな話を朝から切り出されても困りますが、夕方は気持ちも沈みます。それはともかく、「すみませんが……」と神妙な顔で切り出されると、「えっ、またか」とドキッとします。特に定着率が悪い会社の場合、いつ退職の話を切り出されるか分からず、夕方になるとドキドキです。今は求人を出してもなかなか応募がなく、せっかく採用できた人が早々に辞めてしまうというのは何とも辛いものです。

今も昔も「三日三月三年」

昔から、人が会社を辞めたくなる周期は「三日三月三年」だといわれます。元は芸事や修行をする者の心構えからきている言葉です。「三日我慢すれば三カ月は耐えられるし、三カ月耐えられれば三年は頑張れる」という意味だそうです。時代は変わっても、この周期は今でも同じようなことですが、3日目どころか1日目に辞める人もいます。「いったい何が悪かったのか」とショックですが、慣れてきた3カ月、ようやく一人前になろうとした3年目に辞められるショックはその比ではありません。

もっともらしい理由はつけてくるものの

もちろん、辞める人はもっともらしい理由をつけてきます。しかし、そのほとんどは「仕事が合わない」「キャリアアップしたい」「親の介護」など、建前の理由である場合も少なくありません。試しにインターネットで「退職理由　本音　建前」と検索してみてください。職場の人間関係や労働条件の悪さが上位にあるはずです。もちろん、働くうえで不満のない人はいないと思いますし、不満があっても限界を越えなければ辞めないものです。ただ、今は我慢の限界が少々低いのかもしれません。

定着悪化の悪循環

定着の悪い会社は、悪くなるような雇用を行っています。定着が悪く人手が足りないものだから残った従業員に負担がかかります。その負担を減らすため即戦力を求めなくてはならず、採用の選択肢が狭くなりますので採用ができず、結局、誰もいなくなります。

優秀な人ほど辞めやすい

一般的に優秀な人ほど雰囲気や労働条件の悪い会社にいつまでもしがみつきません。優秀な人は転職先も多いので自分を安売りしてまで、そのような会社で勤め続ける必要はないのです。ですから、会社の対応によっては、辞めてほしくない人に限って辞めていきます。たとえは悪いのですが、精密機械ほど丁寧に取り扱わないと壊れやすいものですが、それと同じようなことです。逆に、失礼を覚悟で申せば、転職先の限られた人は、よほどのことがないと辞めるにやめられないので、結果として定着しやすいのです。

定着の悪さが残った従業員も潰す

定着の悪い会社の従業員構成は、ひと握りのベテランと大多数の新人というのが多いものです。仮に採用した人が優秀だったとしても、新人は新人ですから自社で即戦力というのは難しく、今いる従業員が自分の仕事をこなしながら、新人に仕事まで教えなくてはなりません。それでも、新人が3カ月、1年と定着してくれれば良いのですが、早々に辞められると、ここ何カ月かの苦労が水の泡となり、残った従業員の負担は相当なものです。いくら我慢強い従業員でもいたたまれずに退職してしまいます。

定着が悪いと採用の選択肢が狭まる

とにかく、定着率が悪いと採用して育てる余裕もなく、どうしても経験者で即戦力が求人条件になってしまいます。つまり、採用の選択肢が狭くなります。しかし、ただでさえ求人難の今、会社が望むような人の採用は宝くじに当たるより難しいのです。求職者側にしても、「経験者・即戦力」というような条件のついた求人は警戒します。入社直後から難しい仕事をさせられる印象を受けやすいからです。特に真面目な求職者ほど慎重ですから、応募先にはなりません。当然のことながら、定着の悪い会社には求職者も集まらず、結局、気がつけば誰もいなくなってしまうのです。

採用時見極めの限界

定着を考えるうえで、その前段階である採用が重要になります。定着と採用の根っこは同じだからです。しかし、よほど採用に特殊な能力を持つ人以外、採用時の見極めには限界があります。

面接時はよそ行き

採用といえば面接ですが、そもそも面接で見極めること自体が無理だと思います。考えてもみてください。たかが30分程度の面接において分かることは限られています。特に、何度も転職をし、数多くの面接を経験している人は、自分がどのような受け答えをすれば会社が喜ぶかぐらいのことは心得ているはずです。つまり、応募者のほうが面接のプロなのです。そうでない人でも、面接時というのはよそ行きの姿である場合が多いのです。「面接では良かったのに……」、定着率の悪い会社がよく口にするフレーズです。

経験者は即戦力という幻想

前述しましたように、定着の悪い会社はどうしても経験者を求めたがります。そのような状況で、履歴書なり職務経歴書に書かれた華やかな経験を見ると、「前の会社でここまでやっていたなら、教えなくても即戦力」などと勝手な幻想で見極めのメガネが曇ります。なぜなら、経験はあくまで自己申告であり、前職の会社やハローワークが実力を確認して証明しているものではないからです。極端な言い方をすれば、どうにでも書けるのです。そのようなものに振り回されている限り、人材を見極めることはできません。

少々のミスマッチはあって当然

定着させるためには良い人材を採用時に見抜くべきは当然です。しかし、面接に限界がある以上、会社にマッチする人材を採用するには限界があります。どちらかといえば、採用にミスマッチはあって当然なのです。というより、マッチ、ミスマッチは時の流れとともに変わるものですから、採用時にマッチしたから、その後もマッチするとは限りません。ですから、採用時に少々のミスマッチはあることを前提にして、その後の対応で会社にマッチしてもらう働きかけをするほうが現実的です。

採用した人を早々に潰しやすい会社の問題初動

元・東北楽天ゴールデンイーグルス監督の故・野村克也さんは「勝ちに不思議な勝ちあり、負けに不思議な負けなし」と言っていましたが、定着の悪さにも不思議はありません。つまり、定着の悪い会社は定着が悪くなるようなことをやっているのです。

場当たり的な採用手続き

人材を採用する場合、雇用契約書の締結など多くの手続きが必要ですが、これらの手続きが場当たり的だと、真面目な人ほど不安がります。また、社会保険などの手続きは採用後も関わってきますので既存の従業員にとっても同様です。

雇用契約書の締結手順が甘い

雇用契約書は雇用関係の入口である採用時に結ぶべきものですが、この締結手順が甘い会社も少なくありません。手順が甘いというのは、雇用契約書作成までの打ち合わせが不十分だったり、採用後しばらくして、内容説明もしないまま締結させるような場合です。例えば、いきなり「これにサインして」ということになりますが、このような対応は真面目な人からは不安・不信感を持たれやすいもやすくなります。逆に、そうでもない人からは「脇の甘い会社」という印象を持たれ、トラブルのネタにされやすくなります。

提出書類の依頼が場当たり的

採用時には年金手帳、扶養控除申告書、マイナンバーなど多くの書類が必要です。これらの書類を採用後に「あれ出して、これ出して」などと、場当たり的な依頼をしている会社もあります。新入社員はその都度書類を準備しますが、口頭だとモレもあるし提出もずるずるとなります。結果として、社会保険などの手続きも遅れることになります。また、「何で一度に言ってくれないのか」と、不信感を持たれやすくなります。逆に、書類を提出したくない人にとっては書類の提出がうやむやにできて好都合です。

社会保険などの手続きが遅い

確かに、採用後早々に辞めてしまう人が多いと、社会保険などの手続きはしばらく様子を見ようか、ということにもなります。例えば、たまに試用期間中は社会保険に加入させていない会社もあるようですが、これでは新入社員も会社の様子を見るようになります。ですから、このような関係では、いつまでも信頼関係は築けません。また、社会保険などの手続きは、在職中、何らかの場面で関わってきますので、新入社員だけでなく既存の従業員にとっても重要です。子など扶養家族のある従業員であればなおさらです。

受け入れ体制の問題

早々に辞めてしまう新入社員にも問題はありますが、会社の受け入れ体制にも問題があります。特に、最初から期待をかけ過ぎるなど、会社が良かれと思ってやっていることが大きな問題であったりします。

最初から「できるだろう」が前提になっている

前任者の離職による補充採用の場合は、どうしても経験者優遇の採用になりがちです。そして、今日からでも前任者同様に仕事をしてもらえそうな錯覚を起こしてしまいます。というよりも、そうあってほしいという願望かもしれません。そして、前任者と引継ぎができていることを前提に、これくらいは「できるだろう」と、入社直後から矢のような電話やメールで業務依頼をして、過大なプレッシャーを掛けてしまいます。耐性の弱い人は、これに震えあがってしまいます。

小さな組織に船頭が多い

「船頭多くして船山に上る」という諺があります。指図する人が多くて物事がまとまらず、とんでもない方向に進んでゆくことのたとえです。会社でも会長と社長、社長と専務など、指揮命令系統が複数あると「いったい誰の言うことを聞けば良いのか」と新入社員は混乱するばかりです。同族会社では、親子、夫婦、兄弟がそれぞれ社長、専務だったりし、家庭内の争いまで会社内に持ち込まれやすいものです。そうなりますと、新入社員ばかりでなく、会社全体が混乱してしまいます。

アドバイスの押し売り

入社したばかりのころは不安なものです。そのようなときに、「これは、こうしたらいいよ」などと声をかけていただくのはありがたいことです。しかし、新入社員の担当する仕事を十分理解しておらず、ただ単に激励の意味を込めて自分の感覚で好き勝手にアドバイスするのは考えものです。いわばアドバイスの押し売りともいえます。もちろん、アドバイスしたことに最後まで面倒を見てくれるなら良いのですが、多くの場合はその場限りだから困るのです。親切なアドバイスも度を過ぎればお節介となります。

やるべきときに、やるべきことがやられていない

ありそうでないのが会社への信頼です。それなのに、信頼されているつもりで対応したり、3年勤続後はどうなるかという青写真が示せていないので、せっかく採用しても早々に見切られます。

採用がゴールとなっている

今は、求人を出してもなかなか応募もなく、採用活動にはひと苦労もふた苦労もします。前任者の離職による補充採用の場合は、採用まで待ったなしです。そのような厳しい状況のなかで、何とか採

用までこぎつけると、採用担当者の達成感なり解放感は半端ないと思います。もちろん、採用活動は終了したわけですが、本来はここからが重要になります。採用で従業員の頭数は揃えられたとしても、実際に仕事をしてもらうには育成が必要になります。つまり、月並みな言葉ですが採用はゴールではなくスタートなのです。

信頼関係ができているつもりで業界事情を押しつける

会社に対しての信頼はあると思いたいのですがどうなのでしょうか。中小企業は外から見えにくく、分かりにくいので会社自身が考えているほど信頼はありません。仮に、業界では有名であったとしても、新入社員の多くは業界通ではないのです。にもかかわらず、信頼してくれているつもりで業界事情を押しつけ、会社の至らないことを正当化しようとするものだから、さらに人心は離れていきます。つまり、信頼関係を築くべきときに、信頼関係を損ねることをしているのです。

将来の青写真が示せていない

新入社員もしばらく勤めていると会社にも慣れ、先行きが気になりだします。「隣の芝生は青く見える」といいますが、友だちの勤める会社が良く見えたりして、「ここにいても大丈夫だろうか」などと不安になるのです。そのようなときに、ただ「頑張れ、頑張れ」と根拠のない掛け声だけではさらに不安になります。「石の上にも三年」とはいいますが、3年間辛抱強く我慢したものの、結局何もなかったでは浮かばれません。堅実な人ほど、ある程度は将来の青写真が見えないと、勤め続ける意欲も褪《あ》せてしまいます。

従業員が定着しない会社の失敗事例

新人が3カ月ももたないA社

A社は4代続く老舗和菓子店です。3年前に先代から経営を引き継ぎ、婿養子である現社長とその妻が専務として店を切り盛りしています。時代の流れもあり、ひと頃の勢いはないものの地域においては目抜き通りに店舗を構える老舗です。従業員は5人ですが、1人のベテラン職人を除き全員勤続1年未満です。特に、最近は採用しても3カ月くらいで「体調が悪い」「家族の介護がある」などと似たような理由をつけて辞めていきます。待遇は世間並みではあるのですが。

実質的に店を取り仕切っている専務は「まったく今の人たちは…、もっとキチンとした人が入社しないのかしら」が口癖で、従業員への対応はその日の気分で大きく変わります。ですから、従業員たちは毎朝、専務のご機嫌をうかがうことが日課になっています。専務は店頭での接客は物腰柔らかく評判も良いのですが、事務所に戻るとその反動なのか、従業員に当たり散らします。例えば「あなたの電話の取り方、あれ何なの」「うちはね、老舗なのよ」などと早口でまくしたてます。

また、厨房（製造）の責任者は職人でもある社長なのですが、従業員である職人に対しても社長を飛び越して「手が遅い」などと叱責することもたびたびです。先代から仕えているベテランの職人も、いたたまれず退職をほのめかしています。

パートさんにそっぽを向かれたB社

B社は地場のスーパーマーケットです。従業員は30人ですが、そのほとんどは夫の扶養家族の範囲で働くパートさんです。

今の社長は、大学卒業後すぐに後継者として入社しましたが、社長就任した1年くらい前から、社内がギクシャクしていました。中には、若い社長に対して反抗的な態度をとるパートさんもおり、この雰囲気を何とかしたかった社長は、知人に相談し、経営コンサルタントに従業員研修を依頼しました。

そして、毎年開催している忘年会終了間際、会場のスクリーンに突然、人事制度に関するプレゼンテーション資料が映し出され、依頼を受けたコンサルタントが30分以上にわたり、従業員のあるべき論を話し続けたのです。もちろん、社長を祭り上げるような内容で社長はご満悦でした。しかし、聞き慣れない横文字に、会場にいたパートさんたちは一様にポカンとした様子です。

実のところ、B社ではパートさんには基本的に有給休暇を与えていなかったり、タイムカードの打刻時間から15分未満を自動的に切り捨てるなど労務関係がいい加減だったようです。ですから、パートさんたちにしてみれば、「従業員のあるべき論より、会社としてやるべきことをキチンとやってもらうのが先ではないか」という不満が強かったようです。従来にも増して社内はますますギクシャクし、離職者が増えたのは、その日を境にしてからでした。

万年野党が幅を利かせて総務部長がコロコロ代わるC社

C社は卸売業、従業員数は60人です。慣例として銀行などの定年退職者を総務部長として採用していました。しかし、ここ数年は定着が悪く1年ももたずにコロコロと代わっています。総務部長の部下はC社の生え抜きで女性ばかり3人です。性格は少々きついものの業務を一手に担っていました。今回の総務部長も前職の会社を定年まで勤めた人で、社長が知人の紹介で採用しました。

騒動が起きたのは、総務部長が入社してから3カ月ほど過ぎた頃でした。「あの部長ではやっていけません！　部長を辞めさせないなら自分が辞める」と、3人の中で一番勤務歴の長い従業員が社長に直談判してきたのです。理由を聞けば、「部長らしい仕事ができていない」などと、最近辞めていった何人かの総務部長に対する理由と似たようなことです。社長は「もう少し長い目で見てくれないか、それができないのなら、あなたが総務部長をやるか」と尋ねれば、「それはできない」とキッパリ。

もちろん、会社が求める能力を発揮してくれない総務部長が悪いわけですが、キャリアアップの仕組みも意識もなく、万年野党のように、無責任な批判を繰り返す従業員が幅を利かす組織体質になっていたようです。知らず知らずのうちに社内はギクシャクし、総務部長の顔色も日に日に悪くなります。また、1人が半年後に出産予定で、その後は産休、育児休業に入ることが分かりました。さらに、残りの1人も浮足立ってきました。

新入社員の責任感が仇となったD社

D社は建設業です。「おたくはブラック企業か！」というクレームの電話が入ったのは、新入社員が入社して1カ月くらい過ぎた日でした。電話の相手は新入社員のご主人です。「妻は入社当初から毎日20時、21時まで残業をさせられており、当初の条件とまったく違う。自分は17時半過ぎには帰宅するのに、妻の長時間残業で家庭内がメチャクチャになっている。このような長時間残業では、妻の健康が心配だから即刻退職させたい」というような内容でした。

この新入社員は、営業所の事務職として先月中途採用した女性です。所定の勤務時間は9時から17時という条件でした。しかし、この営業所では前任の事務職が突然退職したこともあり、業務量が通常よりも相当多くなり、長時間残業が常態化していたようです。

社長が営業所の所長に確認してみたところ、長時間残業はおおむね事実でした。もちろん、所長は本人に、終業時刻になったら退勤するように促してはいたものの、「区切りが悪いので、ここまで終わらせます」と、ずるずるになっていたようです。また、本人は「周りが残っていたので自分だけ定刻に帰れなかった。夫が会社へ不信感を持っており、これ以上の勤務は無理です」と、ただ謝るだけでした。「こんなことになる前に何で相談してくれなかったのか？」と、社長の憤りは想像に難くありません。

事務手続きミスで社内に不信感が蔓延したE社

E社は飲食業です。経理担当者は先代の頃から勤務する事務歴30年のベテランです。経理担当とはいっても賃金計算や社会保険事務なども一手に担っています。

そこに新たに採用された従業員から賃金計算や社会保険の手続きについて、次のようなクレームがつきました。「残業しているのに残業代が付いていないし、賃金明細に労働時間などが一切記入されていない。社会保険の加入が入社日ではなく翌月1日付けになっているし、当月分の社会保険料が当月払いの賃金から控除されているのはおかしい」というようなことでした。しかし、経理担当者は「今まで税務調査で指摘を受けていないからこれでいい」と聞く耳を持ちませんでした。もちろん、今回のクレームは税務署とは関係ないのですが、経理担当者は税務調査さえクリアすれば大丈夫だと考えていたようです。また、この経理担当者はヒステリックなところがあり、倍返しで嫌がらせされることを恐れ、事務手続きに疑問を持ちながらも、誰も面と向かって指摘する人はいませんでした。

納得のいかない従業員は、労働基準監督署や年金事務所へ事情を話しに行ったようです。ほどなくして調査が入り、過去2年間さかのぼり全従業員ぶんを対象に調査され是正指導を受けました。当然、ほかの従業員の知るところとなり、それまで抑えつけられていた事務手続きに対する不満が一気に噴き出し、社内に不信感が蔓延するようになりました。

「何だ、この程度のことか」で定着はグンと良くなる

新入社員の定着といえば、何かと小難しいことを言う人は多いのですが、採用と定着の根っこは同じです。働く人が会社から大切にされていると感じるように、当たり前のことを、当たり前のときに、当たり前に行う「何だ、この程度のことか」だけでも定着はグンと良くなります（図1）。

新入社員の欲求レベルに応じた手を打つ

人の欲求というのは進化しますから、その欲求レベルに応じた施策を打つことが必要です。そのためには、新入社員の欲求が今どのレベルにあるかを見極めることが重要です。新入社員の場合は勤続期間である「三日三月三年」が一つの目安です。

新入社員の欲求レベルは進化する

人の欲求レベルを説明する場合、よく登場するのが心理学者であるマズローの「欲求5段階説」という理論です。この理論において、人の欲求は食欲など生理的な欲求から始まり、自己実現の欲求まで順を追って進化するとしています。従業員の欲求レベルも同じで、採用時の欲求は時間の経過とと

図1　欲求レベルに応じた定着策の進め方

現状	せっかく採用しても定着しない

↓

問題点・課題	・場当たり的な採用手続き ・受け入れ体制の不備 ・やるべきときに、やるべきことがやられていない

↓

3年定着の方向性	・新入社員の欲求レベルに応じた手を打つ ・3年間は投資のつもりで育成する ・新入社員と既存従業員の定着は一体で取り組む

↓

欲求レベルに応じた定着手順	まずは安心させる → 安心させたら馴染ませる → 馴染ませたら信頼関係を築く → 信頼関係ができたら認める → 認めたら自信を持たせる

図2　マズローの欲求5段階説（3年定着における欲求と対応策）

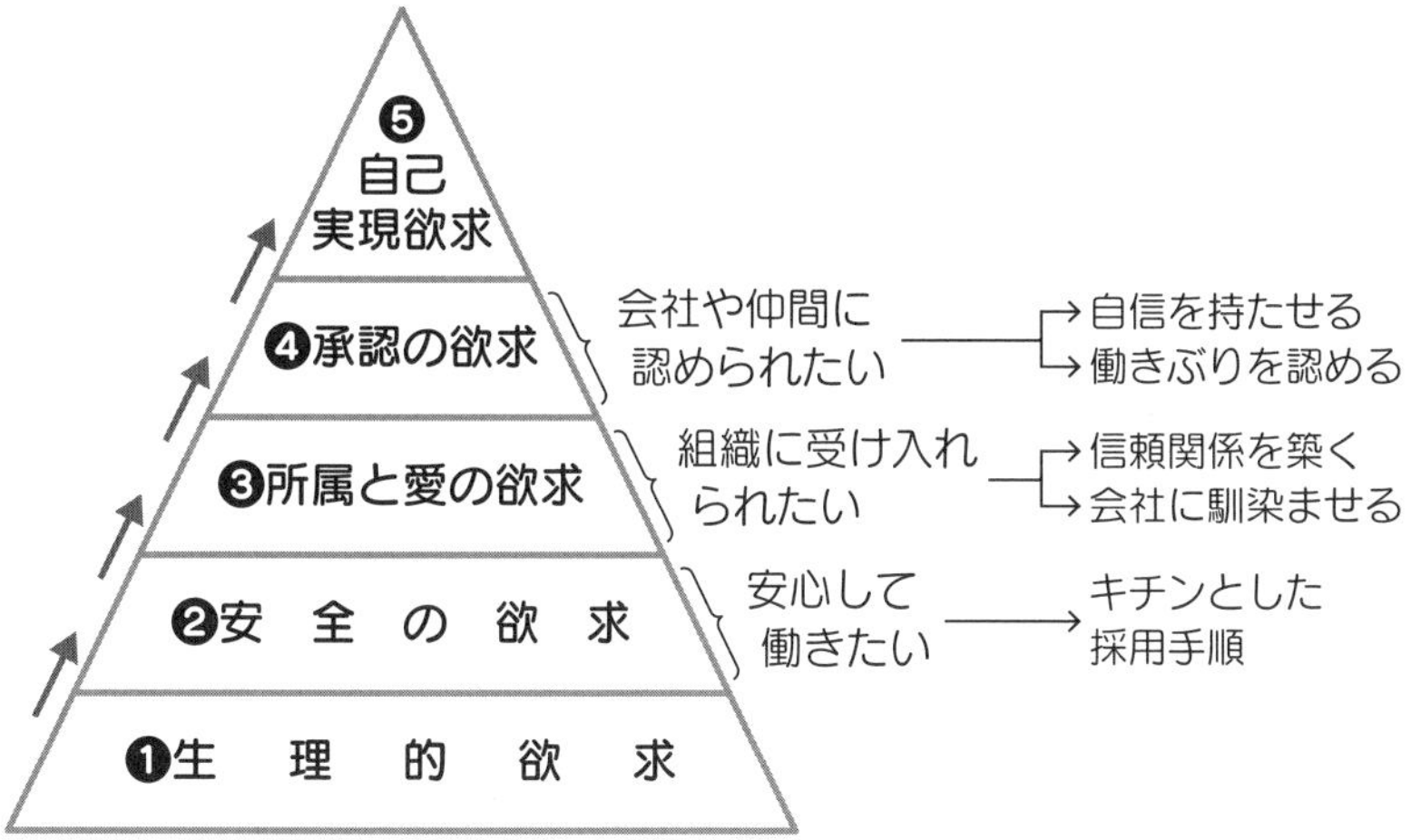

人の欲求は、低次のものが満たされると、次の欲求へと進化するといわれています。

もに進化します。失業しているときは採用され賃金がもらえるだけでも満足しますが、そのうち、もう少し高い賃金が良いとか、社内で認められたいというような欲求に進化しますが、これはごく自然な流れです（図2）。

欲求レベルを見極める

新入社員が、現在どの欲求レベルにあるのかを見極める必要がありますが、そう簡単ではありません。一つの目安としては「三日三月三年」、つまり採用してからの勤続期間でしょうか。仮に入社3カ月くらいで離職する人が多い会社であれば、会社への安心がなく馴染んでいないレベルだと考えられます。既存の従業員について、勤続年数は長くても低次の欲求レベルが満たされていなければ、そのレベルを満たす施策に注力すべきです。一般に、会社が考えているより低次の欲求が満たされていないことが多いものです。ですから、より客観的な現状認識が必要になります。

欲求レベルに応じた手を打つ

会社としても欲求レベルの進化に、ある程度対応していくことが必要です。低次の欲求が満たされたのに、いつまでも次の欲求が満たされなければ不満を持ちます。逆に低次の欲求が満たされていないのに、高次の欲求を満たす施策を打っても「何を言っているんですか」と、しらけてしまいます。このようなことは、新入社員に限らず既存の従業員に対しても同じです。例えば、お腹ペコペコで今にも倒れそうな人に、この食材は有機栽培で希少だとか、食器は有名デザイナーの作だのと、うんちくを並べ立てるようなものです。

3年間は投資のつもりで取り組む

人材の採用・定着は投資のようなものですから、「石の上にも三年」は雇う側にも言えます。まずは信頼関係をコツコツと固め、法律をキチンと守り、そして少々のことは割り切ることも必要です。

信頼される前に信頼する

入社したばかりの新入社員を、全面的に信頼するというのは難しいかもしれません。しかし、採用された新入社員側も同じことであり、会社のほうから歩み寄ることも必要です。会社から「信頼していますよ」と言われれば、その信頼を裏切るようなことはしないものです。それどころか、その信頼に応えようとします。相手から信頼される前に相手を信頼することが重要です。既存の従業員についても、「あなたに任せていれば安心」というひと言は何よりも嬉しいものですし、これが信頼関係をグンと強めます。

法律を守る

雇用関係は車の運転と似ています。ドライバーが道路交通法という法律を守っているから歩行者は安心して歩けるのです。車を会社、歩行者を従業員に置き換えてみれば、分かりやすいのではないでしょうか。確かに労働関係法の中には、何もこんなことまで、と思うようなものもあります。しかし、従業員の雇用は法律で義務づけられたものではなく、事業に必要だから経営者の希望で雇用しているわけですから仕方ありません。また、会社が法律を守るのは従業員にとっての命綱であり、それがあるから会社に安心感を持つのです。

少々のことは割り切る

中小企業にはいろいろな人が入ってきます。特に今は求人難であり、採用時に選り好みできない会社も少なくありませんから、中には少々問題のある人もいます。しかし、そもそも人材の採用・定着・育成というのは投資のようなもので、絶対的な成功というのはありません。ですから少々のことは割り切ることも必要です。つまり、少々問題のある人を採用しても、問題を顕在化させないように脇を固めて隙を見せないことが肝要です。仮に問題のある人も、隙のない会社では問題を起こしにくいものです。

新入社員定着は既存の従業員定着と一体で取り組む

従業員の定着といえば新入社員に目が行きがちですが、既存の従業員に就労意欲を高めてもらい、働き続けてもらうことも重要です。つまり、新入社員定着は既存の従業員定着と一体で取り組むべきなのです。

労務における正常性バイアスを断ち切る

正常性バイアスというのは心理学用語です。「自分は大丈夫」「今回は大丈夫」「まだ大丈夫」など、自分にとって都合の悪い情報を無視したり、過小評価したりしてしまっている人の特性のことです。災害時に避難が遅れる原因の説明でよく使われますが、労務においてもこれと同じようなことが言えます。例えば、採用した人が短期間に離職を繰り返すというのは正常ではありませんが、正常性バイアスが働き対応が遅れてしまうのです。ですから、まずは自社の問題を客観的に認識する必要があります。問題の認識なくして改善はあり得ないからです。

会社の求める人材像を具体的に示す

よく「誰か良い人はいませんか?」と聞かれますから、私は「御社にとって良い人とはどんな人ですか?」と聞き返します。しかし、ほとんどの場合、「真面目でやる気のある人」などと抽象的な言葉しか返ってきません。求める人材像が具体的にイメージできていないのではないでしょうか。もちろん、会社の求める人材像にピタッと当てはまる人を採用するのは難しいと思いますが、これがあるから、採用や定着させるかどうかの基準が明確になるのです。例えば、良い車が欲しいではなく、トヨタのプリウスが欲しいというようなことです。

あたたかな厳しさを持つ

採用から退職に至る根っこには、あたたかな厳しさが必要です。あたたかな厳しさというと、一見相反しているようですが、思いやりのある厳しさと言えば分かりやすいかもしれません。定着のよい会社に共通している雇用姿勢です。それは、従業員に「自分は会社から大切にされている」と、感じさせる経営だと考えています。単に従業員を感情的に優しくするだけではなく、優しさ八分に厳しさ二分くらいが良い塩梅です。採用や定着の過程においても、やるべきことは厳しく行い、何かのときはあたたかく受け止めるということです。定着の悪い会社は、やるべきことが甘いものだから、何かのときに冷たい対応をする羽目になります。つまり真逆のことをやっているのです。

COLUMUN

定着率

①「雇用動向調査」における離職率

$$\frac{\text{1月1日から1年間の離職者数}}{\text{1月1日現在の常用労働者数}} \times 100(\%)$$

②新規学卒就職者の就職後3年以内の離職率

$$\frac{\text{当年4月～3年後3月までに離職した者}}{\text{当年3月～6月に新規学卒として雇用保険に加入した者}} \times 100(\%)$$

定着率という言葉はよく耳にしますが、一般には一定期間にどれだけの人が離職したかという離職率を100%から引いた数字で表します。ですから、離職率が低ければ定着率が高い（良い）ということになります。もちろん、離職率についても利用目的によりいくつか計算方法がありますが厚生労働省の定義は上のとおりとなっています。

ちなみに、厚生労働省「平成30年雇用動向調査結果の概況」による常用労働者の離職率は、業種によるばらつきが大きいのですが平均14.6%、同省「新規学卒就職者の離職状況」新規学卒就職者（平成28年3月卒業者）の就職後3年以内の平均離職率は、大卒32.0%、高卒39.2%などとなっています。

第1章

まずは安心させる

―採用時―

実践1　雇用契約書は仕事をさせる前に取り交わす

労働契約書とか労働条件通知書という言い方もしますが、本書では基本的に雇用契約書と表現します。手順を踏んでお互いに納得尽くで作成し、採用日、いの一番に取り交わすことが安心感を持たせる第一歩です。

お互いに納得尽くで契約書を作成する

契約は約束ですからお互いの納得が大原則です。そのためには、採用日に至る各段階において労働条件などを確認し合いながら納得尽くで作成します。

労働条件は確認し合いながら確定する

雇用契約書を採用日に取り交わすには、遅くともその日までには労働条件を確定させておくことが必要です。そのためには、求人票、面接時、内定時打ち合わせなどの各段階におけるやり取りや、合意内容を一つひとつ積み上げておくことになります。特に、雇用契約期間の有無、採用後の雇用形態（地位・立場）、労働時間、休日、賃金などは雇用関係の根幹であり、具体的に確認し合いながら確定させます。ここでの確認が不十分だと不信感を持たれます。

契約書に盛り込むことが必要な法定事項

①労働契約の期間、②就業の場所・従事する業務の内容、③始業・終業時刻、所定労働時間を超える労働の有無、休憩時間、休日、休暇、交替制勤務をさせる場合は就業時転換（交替期日あるいは交替順序等）に関する事項、④賃金の決定・計算・支払方法、賃金の締切り・支払の時期に関する事項、⑤退職に関する事項（解雇の事由を含む）、⑥昇給に関する事項（口頭でも可）があります。また、パートさんの場合はこれらに加えて次の項目が必要です。⑦昇給の有無、⑧退職手当の有無、⑨賞与の有無、⑩相談窓口（相談担当者の氏名、役職、相談部署等）の3つです。

求人票の条件と異なる条件で契約する場合

採用の過程において、求人票に提示した労働条件を変更して契約する場合は、契約締結前に変更した事項を明示しなくてはなりません。例えば、常用で募集していたところ、面接などの結果から1年契約の雇用になったり、正社員で募集していたのにパートタイマーでの雇用になったりする場合です。実務上は結構多いと思います。変更明示の方法は、変更前後の労働条件を比較対照できる書面の交付、または雇用契約書に下線を引いたりして変更箇所を明示する方法があります。

会社独自の特約事項も盛り込む

雇用契約書には法律で盛り込むことが義務づけられている項目以外、会社としての独自に盛り込むべき特約事項があり、これがとても重要です。雇用契約書は入社から退職までの約束ごとですから盛り込む内容も、それを意識すれば良いのです。

やってほしいこと、やってほしくないこと

就業規則に服務規律という規定があると思いますが、それを契約書に盛り込むのです。

やってほしいことは、出退勤時に元気よくあいさつすること、時間厳守、報連相（ホウレンソウ）の徹底、限られた時間内業務処理の徹底、資格・検定取得への挑戦、というようなことです。やってほしくないことは、業務でのマイカー無断使用、勤務中の派手な服装、無精ひげ、奇抜な毛染、というようなことです。このようなことは、新入社員だけでなく、勤続年数の長い従業員に初心に帰ってもらうことに役立ちます。「入社時にはこのようなことをお願いしましたよね」と。

試用期間に関すること

例えば「試用期間は○年○月○日から○年○月○日までとする」「試用期間中は時給○○円とする」「制服は試用期間満了後に貸与する」というように具体的に盛り込みます。また、試用期間中に到達してほしい業務レベルなども具体的に盛り込みます。これが、試用期間満了時のチェックリストになります。試用期間と言いながら、あらかじめ到達目標が設定されていないことが多いものです。これでは、バーのない走り高跳びに挑戦させるのと同じことであり、どこまで跳べば良いのか見当もつきませんから不安です。

スキルアップの目安

採用時は未経験者であっても、その後スキルアップしてくれれば良いわけですから、会社が3年目くらいまでに想定する目安を盛り込みます。ちなみに、私の事務所では次のとおりです。①2週間…基礎研修を中心に業務の基本を理解する。②3カ月くらいまで…業務実習（役所訪問を含む）他の職員の後方支援が中心、電話に出ることができる。③6カ月くらいまで…先輩の指示を受け、大体の業務をボチボチ1人でできる。④1年くらいまで…ひと通りの業務がソコソコに1人でできる。⑤3年くらいまで…業務がバリバリ一人前にできる。

契約内容を読み上げて説明のうえ締結する

手順を踏んで作成した雇用契約書ですが、採用日、いの一番に締結するのが大原則です。ゆっくりと声に出して読み上げたうえでサインしてもらうことがポイントです。

採用日、いの一番に取り交わす

仕事をさせる前に、雇用関係の約束である雇用契約書を、お互いに最も前向きな採用日に取り交わします。もちろん、既存の従業員についても契約内容に変更があれば都度締結し直します。採用日の始業時刻を過ぎたら、1分1秒たりとも時間は止まりませんし、さかのぼることもできません。つまり、雇用関係は採用日に戻ってやり直すことができないからです。

雇用契約書は前職での対応と比較されやすいものの一つです。前職がキチンとしていた会社であれば、ずるずるしているとそれだけで不信感を持たれます。

雇用契約書をゆっくり読み上げる

雇用契約書を取り交わす際のお勧めは、契約書をゆっくり読み上げて説明することです。契約書を目で見るだけより耳でも聴いたほうが理解しやすいからです。また、読み上げることにより契約内容の間違いや誤字脱字にも気がつきやすくなります。ポイントはゆっくりと読み上げることです。近頃は早口の人が多いし、流行の歌も早口で何を言っているのか分からないものも少なくありません。しかし、雇用契約の内容は相手に理解してもらうことが必要ですからゆっくり読み上げます。

説明義務を果たす

最近は法律上も会社の説明義務が強化されています。相手の理解力もありますから、どこまで説明しておけば良いのか悩むところです。雇用契約書の内容も、新入社員に説明する必要がありますが、読み上げて説明しているということは、会社の説明責任は果たしたと認められやすい一つの要素になります。逆に、「これにサインしておいて」だけで済ませていると、説明義務を果たしていないということになりやすいと思います。そもそも、新入社員に堂々と説明できないことは雇用契約書に盛り込まないことです。

実践2 社会保険などの手続きはテキパキと行う

社会保険などの保険関係は、在職中だけでなく退職後の人生にも密接に関わっています。ですから手続きをキチンとすることは当然であり、特に、加入手続きについては意識して採用日に済ませることが安心感を持たせる大きなポイントです。

手続きは採用日に済ませる

どうせなら、手続きは採用日に済ませたほうが会社の真剣さが伝わりますし、新入社員の家族にも安心感を与えることができます。また、社会保険関係の手続きは加入時以外でも早めに行うことにより既存の従業員も安心感を持ちます。

採用日に済ませるから会社の真剣さが伝わりやすい

社会保険は採用日から5日以内、雇用保険は採用日の翌月10日までに加入手続きを行うようになっています。しかし、これをあえて採用日に済ませることにより、新入社員に対して会社の真剣さが伝わりやすくなります。「会社は真剣に採用したのだからあなたもね」を行動にするのです。それを実現するには、年金手帳などの提出書類が採用日に揃っていることが必要です。ですから、必要なものを事前に依頼しておきますが、そのこと自体でも会社の真剣さは十分伝わります。

社会保険は家族も関係する

社会保険は新入社員本人だけでなく、その家族も関係します。特に、健康保険証は扶養家族になっている配偶者や子が病院へ行く際に必要ですから、入社したら1日でも早くほしいと思うのです。ですから、採用日に手続きをすることにより、本人もさることながら、その家族にも安心してもらえます。逆に、手続きをモタモタしていると不信感を持たれます。もちろん、若い人ならそう頻繁に病院へ行くこともないでしょうが、真面目な人ほど、健康保険証が手元にあると安心します。

在職中の手続きが給付に影響する

社会保険は従業員のあらゆる場面に関係しますが、会社の行うべき手続きがキチンと行われていることが前提です。手続きというのは、新入社員の加入手続きばかりではなく、その後もさまざまな手続きが必要です。これらの手続きが適切でないと給付にも悪い影響を与えます。加入日が本来よりも後になっていると給付条件の加入期間が不足したり、保険料の算定が適切でないと年金も含めて給付額が少なくなるなど不利益が発生します。ですから、手続きは新入社員だけでなく、既存の従業員にとっても重要なのです。

キチンとした手続きが会社全体に安心感をもたらす

会社全体に安心感を与えるキチンとした手続きというのは、間違った我流の手続きを改め、〝せこい〟ことに手を出さず、加入させることについて恩着せがましい態度をとらないことです。

間違った手続きを改める

間違った手続きは今すぐ改めるべきです。その道何十年というベテランの事務担当者でも、長年間違った手続きをしていることがあります。もちろん、たまに役所の調査もありますが、間違いをすべて指摘されているわけでもないからです。税務署が行う税務調査は基本的に会社だけのことですが、社会保険の手続き間違いは従業員にも直接影響しますから慎重さが必要です。従業員も「何かおかしいな」と思ってもベテランの事務担当者にはなかなか尋ねにくいものです。まして、その担当者が経営者の身内だったりすればなおさらです。

〝せこい〟ことに手を出さない

社会保険の仕組みが少々分かってくると、どこが保険料に影響するのかも気になりだします。ちまたには「社会保険料を節約しよう！」などという、耳触りの良いキャッチコピーで何らかの営業を仕掛けてくる人もいます。しかし、仮に保険料が少々安くできたとしても多くの手口は脱法まがいであるし、前述したように後々の給付に影響してきます。ですから手を出すべきではありません。ひと言でいうならやり方が〝せこい〟のです。〝せこい〟ことは、いくら綺麗ごとを並べたところで従業員には見透かされます。

恩着せがましい態度をとらない

健康保険と厚生年金保険の社会保険だけでも、会社の保険料負担が賃金額の約15％になりますから大変です。そこで、無意識のうちに「社会保険料を半分負担してやっている」という態度が出やすいのです。しかし、一般の従業員は会社がそこまで負担してくれていることなど意識していないのが普通です。そうなりますと「何でそんな恩着せがましいことを言うのか」となりやすく、あまり良い関係にはなれません。ですから、会社負担の保険料は賃金の一部だと割り切ることも必要です。

入社から退職と退職後の人生まで密接に関わる

今は、あって当たり前の社会保険、雇用保険、労災保険ですが、働く人の入社から退職と退職後の人生まで密接に関わっており、働くうえで安心感の源泉ともいえます。

社会保険の仕組み

健康保険と厚生年金保険を合わせて社会保険といいます。一般には健康保険のことを、社会保険と言っている人も多いのではないでしょうか。さらに、雇用保険と労災保険があります。これらの保険は希望者が加入するのではなく、加入条件を満たせば希望の有無にかかわらず加入することになります。保険料は労災保険を除き会社と従業員の折半です。これらの保険があることにより、従業員は24時間・365日、仕事中もプライベート時も、在職中も退職後も何らかのカタチで守られていることになります。

出産、育児、病気、けが、死亡などの場面に関係する

社会保険や雇用保険、労災保険から手当などの支給を受けることを給付といいます。例えば、健康保険から出産に関する産前・産後や子の出産にも給付があります。その後、育児休業に入れば雇用保険から給付があります。病気やけがは健康保険もしくは労災保険で病院にかかれますし、それが原因で障害になったり死亡した場合も労災保険や厚生年金保険から給付があります。また、失業した場合は雇用保険から給付があります。さらに、退職後も厚生年金保険から老齢年金の給付があります。

従業員の人生にも関わる

マスコミなどで批判する人は多いのですが、日本の年金制度は素晴らしいと思います。仕事柄、老齢年金を受けている人とお話しする機会が多いのですが、皆さん異口同音に「会社がキチンと掛けてくれていたから助かる」と言われます。若いときはさほど考えませんが、退職して年金をもらうような年齢になると、そのありがたみが分かるからでしょう。年金があるとないとでは、老後の人生設計が大きく変わります。つまり、社会保険のうち厚生年金保険については、従業員の人生にも関わるということです。

実践3　新入社員への対応は社内でブレないようにする

新入社員の指導・教育などの対応は、社内での意見調整をしてブレないようにしておきます。そうしておかないと新入社員が混乱してしまいます。特に、船頭の多い会社では注意が必要です。主に調整しておくべきは労働条件と指導・教育の進め方です。

船頭の意見を統一しておく

船頭の数が多いのは仕方ないとしても、新入社員に対応する場合は、内部で意見の統一や役割分担を決めておき、場合によってはトップダウンも必要です。

特に同族会社は注意する

同族会社は船頭が多くなりやすいので特に注意が必要です。例えば、親子や夫婦の場合、社内で発言することは家庭内で十分議論し合って、統一した結論を表に出すようにします。また、家庭内での問題は家庭内でケリをつけておくことも必要です。夫婦間で意見が違うのは良いのですが、そのような議論を新入社員の前でやられても困ります。従業員にしてみれば「家庭内で話し合ってくださいよ」です。会社に身内を入れることの可否はよく話題になりますが、デメリットの一つがこのようなことです。

社内での役割分担を決めておく

会社には、それぞれの立場などに応じた役割分担があります。ビシッと叱る役割の人、ガミガミと小言を言う役割の人、優しく受け入れる役割の人などです。みんなが同じように叱ってばかりだと新入社員はひとたまりもありません。昔の会社にはワンマンで怖い社長がいた反面、「社長は言葉がきつくてごめんなさいね」と、裏で優しくフォローしていた奥さんがいたものです。これが、社内のバランスを良い塩梅に保っていたのかもしれません。従業員にとってはこのようなことで逃げ場があったのです。

場合によってはトップダウンも必要

トップダウンというのは、企業経営において、上層部が経営の意思決定をし、部下へ指示する管理方式ですが、好ましくないという意見もあります。しかし、場合によっては、「これでいくから、よろしく」のようなトップダウンも必要です。船頭が何人いても、経営の最終責任はトップでしか取れないわけですから当然です。逆に、船頭の意見を丁寧に聞いていて方向性がまとまらず判断がずるずると遅れるよりましです。確かにワンマンかもしれませんが、トップが責任を取るワンマン経営なら結構なことです。

労働条件に関する発言は特に注意する

労働条件に関する発言は新入社員の関心ごとですから、就業規則や雇用契約書の根拠に基づいて行います。また、発言の訂正は発言した人が早めに行うことが大原則です。

就業規則や雇用契約書を根拠にする

労働条件について、新入社員から尋ねられた場合は就業規則や雇用契約書を根拠にして答えます。労働基準法などの法律に基づいて作られた就業規則や雇用契約書が労働条件の根拠だからです。この場合は就業規則や雇用契約書の条件を足しても引いてもいけません。そうしておかないと、日によって、人によって、または答える人によって対応が変わってしまうからです。このように場当たり的な対応をしていると、新入社員ばかりか既存の従業員からも不信感を持たれます。

「私はこう思う」は、ほどほどにしておく

例えば、トップの発言に対して「社長は、ああ言ったが私はこう思う」、というようなことはほどほどにしておきます。労働条件というのは、働くことに直結することですから新入社員の関心度は当然高くなります。そのような関心度の高い労働条件について、このような発言は社内がバラバラだという印象を与え、混乱させてしまいます。また、「そう思われるなら、そのようにしてください」と、変な期待を持たせてしまいます。前述した船頭の多い会社に多いのですが、このような発言はほどほ

どにしておくべきです。

発言の訂正は発言した人が行う

発言の間違いは、発言した人が早めに訂正することがポイントです。たとえ気をつけていたとしても、間違ったことを発言したり、言い違いがあるかもしれません。もし、それに気づいたらすぐに訂正すれば良いのですが、自分の発言ミスや都合の悪いことは、そう簡単に訂正しにくく、うやむやにしておきたいものです。しかし、言われた人は、言った人の何倍も覚えているものです。そして、発言から時間が経てばたつほど訂正しにくくなり、場合によっては、それをきっかけに大きな問題に発展することもあります。

指導・教育は計画書に基づき行う

中小企業の場合は指導・教育といっても仕事をしながらでしょうが、簡単でも良いので計画書を作っておくと良いと思います。新入社員も先行きが見えるので安心します。

先が見えるから安心できる

中小企業の場合、本格的な指導・教育計画書は作れないと思います。指導・教育といっても、実際には仕事をしながらになることが多いからです。だからこそ、会社と新入社員双方が指導・教育期間であることを意識するために、2週間を一つの区切りとし、教えることを日別に箇条書きにした計画書が必要なのです。2週間分が紙に書いてあると、新入社員は2週間で何を学ぶのか先が見えて安心します。なぜ2週間を区切りにするかといえば、いわゆる法律上の試用期間が2週間だからです。

理解度を毎日自己申告してもらう

指導・教育は計画書に基づき、本人がどの程度理解しているかを毎日自己申告してもらいます。そして、どの程度理解したかを大雑把にでも把握して、理解の足りない部分を次の日の指導・教育に反映させます。新入社員の理解力には個人差がありますから、このような配慮が必要です。指導・教育期間の区切りは2週間ですが、指導・教育はコツコツと毎日確認し合うことが大切です。ご参考までに私の事務所では「基礎研修計画」（図3）により、新入社員の指導・教育を行っています。

未経験者を前提にする

採用当初の指導・教育は未経験者を前提にしたほうが無難です。特に中途採用の場合は、経験の有無や、そのレベルなど、さまざまな人が入ってきます。仮に経験があったとしても、それがまっとうな経験かどうかは分からないからです。ひょっとしたら、間違いを間違いとして気づかず、長年の経験を自負している人もいるかもしれません。ですから、経験の範囲・レベルを見極めるためにも、指導・教育は未経験者を前提にしたほうが良いのです。万一、中途半端な経験であれば早期に矯正することも必要になります。

図3 新入社員への基礎研修計画表（例）

基礎研修計画

理解度 ［ A…分かった　B…何となく分かった　C…やや分かりにくい　D…分からない ］

日	曜	午　前	理解	午　後	理解	備　考
		・就業規則説明 ・雇用契約締結 ・業務のあらまし		・ＳＡの分析 ・労働時間、休日、休暇① 用語、週40時間		
		・労働時間、休日、休暇② 休日・休暇		・労働保険①		
		・雇用保険①		・社会保険① 適用		
		・社会保険② 給付		・社会保険③ 保険料		
		・労働時間、休日、休暇③ 変形労働時間		・労働時間、休日、休暇④ 割増し賃金		
		・入社、退職時の事務		・36協定、就業規則		
		・年金のあらまし		・雇用契約		
		・関連法令の基礎① 派遣法、育・介法など		・関連法令の基礎② 高齢法など		
		・基礎研修まとめ		・基礎研修まとめ		
		・基礎研修まとめ		・基礎研修まとめ		

①1コマ約1時間とします。
②最初は分からなくて当然、分かろうとする姿勢で取り組んでください。
③覚えようと無理をせずに、自分の言葉で理解できるようにしてください。
④実務は現場が一番、他の職員の仕事をまずはまねてください。

実践4　多少のミスマッチは職場の雰囲気でカバーする

職場の雰囲気は新入社員の定着に大きく影響します。雰囲気はトップの考え方で決まりますから、採用後の早い段階で、トップ自身が雇用関係の在り方についての考えをキチンと伝えます。こうすることにより、新入社員だけでなく会社全体が安心感を持ちます。

雇用関係の在り方をキチンと伝えて実行する

会社の雰囲気を含めて社風を変えるには、まずトップが雇用関係の在り方をキチンと伝えて実行することが必要です。それも採用後早い段階で伝えます。

雇用関係の在り方で社風は変わる

例えば飲食店でも、店長の考え方や方針で、メニュー構成、内装、客層など雰囲気はガラッと変わります。雇用関係も同じようなものであり、トップが雇用関係の在り方をキチンと伝えて実行すれば雰囲気は変わります。雰囲気が変われば応募者も定着する人も変わります。もちろん、在り方ですから人それぞれで良いのですが、「法律・経営・人の気持ち」という3つの視点は欠かせません。これら3つのどこに重点を置くかで雇用関係の在り方が決まり、継続することにより社風が変わります。

採用後の早い段階で伝える

新入社員を採用後、早い段階でトップの考え方をキチンと伝えておくことが重要です。トップの考え方がキチンと伝われば、安心して勤めることができますし、仮に、その考え方に賛同できない人は辞めていきますが、それで良いのです。逆に、トップの考え方がキチンと伝わっていなかったり、フラフラしていると新入社員はもとより既存の従業員も不安がります。そしてその不安は不満となります。確かに、3年間というのは定着を働きかける時期でもありますが、定着しそうもない人を見極める時期でもあるからです。私は、新入社員をまず3年間定着させることが重要だと主張していますが、それはトップが考える雇用関係の在り方に合う人というのが前提です。

例えばこのような場面で伝える

考え方を伝える場面としては次のようなことが考えられます。朝礼の場や新入社員歓迎会におけるあいさつです。同時に全従業員にも伝わりますから、考え方を伝える効果は高まります。このようなことは新入社員だけでなく既存の従業員にとっても重要なことです。もちろん、言動と行動は一致させることが必要です。そうしないと「社長は言うばっかり」と鼻で笑われます。思っていても言葉にしないと相手には伝わりにくい時代です。今は家族間でもそうですから、従業員とはなおさらです。

雰囲気はトップの考え方で決まる

良くも悪くも会社の雰囲気はトップで決まります。雰囲気を悪くするのは一瞬でできますが、良くするのは一朝一夕にはできませんから、社風を変えるようなつもりでコツコツ時間をかけて取り組むことが必要です。

社風を変えるくらいの覚悟も必要

雰囲気を良くしようと思うなら、社風を変えるくらいの覚悟も必要です。「言行不一致」、つまり口先だけでは見透かされますから、トップ自身が理想とする雇用関係の在り方をキチンと伝えて実行することが必要です。よく親子は鏡といわれますが、労使も鏡です。親子がそうであるように、従業員を見ればトップが分かりますし、トップを見れば従業員が分かります。つまり、小さな会社であれば、良くも悪くもトップの考え方や姿勢が雰囲気となり、それらをコツコツと積み重ねて社風となります。

トップは会社の雰囲気に気づきにくい

会社の雰囲気を直接数値化したものはありませんから、トップは会社の雰囲気に気づきにくいのです。一般的に会社の雰囲気はトップが考えているより良くないものです。従業員も宮仕えの身ですからトップの前では従順をつくろいますし、「うちの雰囲気はどう?」と、聞いたところであまり意味がありません。従業員も普通の感覚であれば、仮に雰囲気が悪くても面と向かって「悪い」とは絶対に言わないからです。定着の悪い会社の従業員ほど、その傾向は強くなりやすいものです。

既存の従業員を大切にする

雰囲気を良くするには、まず、新入社員より影響力の大きい既存の従業員を大切にすることです。正確に言えば、既存の従業員に会社から大切にされていると感じさせることです。そうなれば、自然と社内の人間関係も良くなりますし、既存の従業員が新入社員に優しく接するようになります。優しく接してもらえると新入社員も安心感を持ちます。このようなことが会社全体の雰囲気を良くします。雰囲気を悪くするのは一瞬ですが、良くするのは一朝一夕にはできません。しかし、取り組まなければ何も変わらないのです。

新入社員定着に影響の大きい職場の雰囲気

雇用関係において、労働時間や賃金が大切なのは当然ですが、職場の雰囲気はもっと大切です。毎日の大半を過ごす職場ですから、雰囲気が合わなければ早期離職も当然です。

会社もいろいろ、雰囲気もいろいろ

雰囲気というのは、その職場や、そこにいる人たちが自然に醸し出している感じ、また、ある個人がまわりの人たちに感じさせる特別な気分なり空気感です。そして職場の人間関係は、雰囲気の良し

あしを決める大きな要素です。雰囲気は目に見えるものでもなく、理屈でもなく人が感じ取るものです。私は仕事柄、いろいろな会社をご訪問しますが、事務所に足を一歩踏み入れた瞬間、全身に雰囲気を感じます。おそらく、読者の皆さまも他社をご訪問なさったときはそうだと思います。

離職理由の第2位は人間関係

雰囲気を構成する大きな要素である人間関係が定着に大きく影響しています。内閣府の「平成30年版　子供・若者白書」によれば、初職の離職理由（複数選択可）トップ3は、①「仕事が自分に合わなかったため」が43・4％で最も多く、②「人間関係がよくなかったため」が23・7％、③「労働時間、休日、休暇の条件がよくなかったため」が23・4％となっています。調査対象は16歳から29歳までの男女（有効回答数１０，０００）です。年代が違えば多少の違いはあるでしょうが、どの年代もだいたい同じような傾向だと思います。

良い雰囲気が少々の不満はカバーする

社内の雰囲気が良ければ少々の不満はあっても辞めないものです。仕事の内容が多少合わなくても、労働条件が少々悪くても「いろいろあるけど、まっ、いいか」ということにもなります。新入社員に限らず従業員が１００％満足する会社はないと思います。しかし、不満はあったとしても、満足が多少でも上回れば、そう簡単には辞めません。採用時に多少のミスマッチはあって当然です。前述した調査において離職理由の第1位は「仕事が自分に合わなかったため」となっていますが、そもそも自分にピッタリ合う仕事などないと思います。だからこそ、そのようなミスマッチをカバーするためにも、人間関係の良い雰囲気が重要なのです。

実践5 新入社員の家族にも安心してもらう

新入社員が、入社したばかりの会社に不安を持つのは当然です。しかし、その家族はもっと不安です。それをいくらかでも和らげ、さらに家族へ感動を与えて雇用関係にほど良い緊張感を持たせるのが「採用あいさつ状」です。

家族との関係は意識して良好にしておく

面識のない家族とは早い段階で良い関係をつくっておきたいところですが、採用後2週間経過した頃に、家族宛に差し出すのが「採用あいさつ状」です。メールが当たり前の時代だからこそ手書きで感動を与えます。

「採用あいさつ状」で家族へ思いを伝える

新入社員の家族と良好な関係をつくる第一歩は、こちらからのあいさつです。直接お会いしたり電話をかけることも考えられますが、相手の都合もありますから手紙が現実的です。その手紙が「採用あいさつ状」（**文例1**）です。宛先は、新入社員が子の場合は親、既婚者の場合は配偶者がいない場合は、採用時に緊急連絡先として登録された人など身近な人です。いずれにしても、礼を尽くした手紙をもらって怒る人はあまりいませんし、それなりの人は、このような配慮に高い評価をします。

どのように差し出すか

「採用あいさつ状」を差し出すタイミングは、採用後2週間経過した頃がおすすめです。理由は2つあります。まず、手紙に新入社員の働きぶりなども盛り込む場合、2週間くらいは様子を見ないと書きにくいからです。もう一つは、労働基準法に規定されている試みの使用期間、いわゆる法定試用期間の満了を待ってからということです。また、メールが当たり前の時代だからこそ手紙はトップによる手書きが原則です。手紙の内容もさることながら、手書きにまさかの感動がありますし、会社の誠実さが伝わりやすくなります。

個人情報の取り扱いには注意する

以前なら、そこまで気にする必要もありませんでしたが、今は個人情報に敏感な時代です。せっかく良かれと思って差し出しても、「何で私の名前を知っているんだ」と不信感を持たれても困ります。ですから、採用時に緊急連絡先を登録していただく書類に「会社からの連絡等に使用させていただきます」のひと言を入れておきます。それでも、「勝手に私の名前を使って何事か」と怒る人もいるか

文例1 中途採用（男性）の奥様宛て採用あいさつ状

拝啓　時下ますますご清栄のこととお慶び申し上げます。
○○株式会社社長の○○です。これをご縁に末永くよろしくお願い致します。
このたびは、ご主人様に入社していただき厚くお礼申しあげます。

そして、ご主人様をいつも気持ちよく送り出していただいている奥様やご家族皆様に心より感謝申し上げます。

さて、弊社は私の亡き父が昭和○年に創業した会社で、創業以来、素晴らしい従業員さんやお取引先様に恵まれ順調に業績を伸ばして参りました。今後も地域社会に貢献するため商品開発などに努め、地域において必要とされる企業を目指して参ります。

そのためには、優秀な従業員さんが必要不可欠であり、ご主人様には大いに期待しておるところでございます。もちろん、ご経験はあるとはいえ前職とは仕事の進め方も違いますから、それに慣れられるまではじっくりと取り組んでいただければと考えています。会社としましても誠心誠意フォローさせていただきますので、どうぞご安心くださいませ。

また、この時期はちょうど業務繁忙期にあたり、場合によっては残業や休日出勤をお願いすることがあるかもしれませんが、お含み置きくだされば幸いでございます。

末筆ながら、ご家族皆様のご健康を心よりお祈り申し上げ、甚だ略儀ではございますが、採用のごあいさつとさせていただきます。

敬具

○年○月○日

○○株式会社
代表取締役　○○　○○

○○　○○様

もしれませんが、そこまで考えると何もできませんから、ある程度の割り切りも必要です。

他社との差別化で会社への安心感がグンと高まる

「採用あいさつ状」を差し出している会社は少ないので、他社との差別化となり会社への安心感がグンと高まります。また、雇用関係にほど良い緊張感が生まれますし、会社の誠実さを伝えることができます。

義務や理屈ではないから感動を生む

「採用あいさつ状」は、もちろん法律上差し出す義務はありません。義務や理屈ではなく人の気持ちに訴えるものです。人は理屈で動くのではなく、感情で動きますから感動を生むのです。また、このような手紙を差し出す会社はあまりありませんから、他社との差別化になります。今は労働市場も働き手に有利とされる売り手市場です。それでも、家族を採用した会社の社長から、手書きの手紙が届けば感動するのは自然の流れです。時代は変わっても人の気持ちというのはさほど変わりません。

家族を大切にしてくれる会社は良い会社

私にも家族がいますが、自分の家族を大切にしてくれる会社は理屈抜きに良い会社なのです。それが普通の感覚だと思います。人は「まさか」に感動するものです。「採用あいさつ状」は、まさに「まさか」なのです。経営学者で人を大切にする経営学会会長の坂本光司先生は、会社がいちばん大切にすべきは、「社員とその家族」だと言われています。実際、そのような会社は景気の動向に関係なく業績が良いということが、坂本先生が行われた全国8,000社を超える企業調査でも明らかになっています。

ご家族にも心づもりを持っていただく

「採用あいさつ状」の目的は、新入社員のご家族へ感動を与えるだけでなく、ある程度の心づもりを持っていただくことにもあります。勤務していただく以上、やむを得ず残業や休日出勤、指導上の厳しさもありますが、それをあらかじめ伝えておくのです。もちろん、過大な期待はできませんが、少々のことはご容赦くださる可能性もあります。例えば、悪天候時、飛行機に乗る際「条件付き運航」のアナウンスもありますが、あらかじめ伝えられると、仮に目的空港に着陸できず引き返しても「仕方ないか」と我慢できるのと同じようなことです。

新入社員以上に家族は不安

通常、新入社員の家族は会社と面識がないので、入社早々に残業などが多かったりすれば、家族の不安は不満となり、やがて怒りとなってしまいます。

家族は会社と面識がない

新入社員の家族は自社と面識がなく、「ちゃんとした会社なのかしら」と思われていると認識するべきです。信頼関係を築くのに一度お会いするというのは重要です。ですから、採用においても、筆記試験はともかく面接のない会社はほとんどありません。もちろん、自分の子や配偶者が数ある求人票の中から応募して採用された会社ですから、安心感はあると思いたいのですがどうでしょう。大企業や地場の中堅企業なら良いのですが、そうでない場合は、どのような会社なのか分からないし、分からないから不安なのです。

家族は結果でしか判断しない

例えば、会社には繁忙期があり、入社早々から残業や休日出勤もあるかもしれません。もちろん、それは新入社員も了解のうえで、ある程度は仕方ないところでもあります。場合によっては、会社の退勤指示に従わず、新入社員が勝手に残っている場合もあるでしょう。しかし、家族はそのような事情も分からず、「入社早々残業か、休日出勤か。人使いの荒い会社だ」と、結果でしか判断しません。家族を大切にする家庭であればあるほど、このような思いは強まり、その会社で仕事を続けさせることが不安となります。

家族の不安は不満となり怒りとなる

家族の不安が大きくなれば不満となり、やがて怒りとなります。そして、会社と面識がないぶん、家族の怒りはエスカレートしやすくなるのです。「何て会社だ、ブラック企業じゃないか」と、新入社員自身はその気がなくても、家族の怒りで勤務の継続自体が難しくなる場合も出てきます。何も家族が、そこまで口出ししなくても良いのではないかとも思いますが、今はそんな時代です。もちろん、このようなことは新入社員だけではなく、既存の従業員についても言えることです。

本章のポイント

1. 雇用契約書は仕事をさせる前に取り交わす
2. 社会保険などの手続きはテキパキと行う
3. 新入社員への対応は社内でブレないようにする
4. 多少のミスマッチは職場の雰囲気でカバーする
5. 新入社員の家族にも安心してもらう

COLUMUN

これ、含まれる？

役所の書類などを見ていますと、その数字や日が含まれるのか含まれないのか迷うことがあります。日本語でありながら、今さら堂々と聞くこともできません。主なものを整理してみると次のようになります。

①「以上」「以下」はその数字を含み、「超える」と「未満」は含みません。

②「以前」「以後」「以降」「以来」はその時間や日を含み、「以外」はその数字や日を含みません。また、「前」「後」もその日を含みません。

③「または」というのはAかBのどちらか一方、「かつ」「および」というのはAとBの両方です。

④「いずれか」は全体の中の一部、「いずれも」はすべてです。

⑤「経過する日」は期間が満了する日、「経過した日」は経過する日の翌日です。

ところで、「産前産後休業」という制度があります。右記②からすれば出産当日はどちらの期間に含まれるのかという疑問が出ますが、これについて、出産当日は産前期間に含まれるということになっています。ですから正確に表現すれば産以前産後かもしれません。

そういえば昔、「友だち以上、恋人未満」という歌の歌詞がありましたが、そういう関係であれば日本語的にも正しいということになりますね。

第2章

安心させたら馴染ませる

—採用後1カ月程度—

実践6　まずは会社に馴染ませる

新入社員には一日も早く一人前になってほしいところですが、人材育成は植物と同じく時期がありますし時間も必要です。いきなり過度の期待は重い負担となりますし、未経験者のつもりで接することも大切です。急ぐからこそ「急がば回れ」であり、ここは、植物を育てるつもりで、じっくりと根を張らせることが必要です。

急ぐからこそ「急がば回れ」

新入社員の育成は急ぐからこそ「急がば回れ」です。焦ったところで3年かかるものは、やはりそれなりの時間が必要です。急いで育てようと近道を進んだところで、かえって遠回りになったりします。

急ぐから遅れる

「急がば回れ」ということわざがあります。急を要するときこそ、危険で何があるかわからない近道を選ぶよりは、遠くても確実にたどり着くことのできる回り道を選ぶほうが賢明だということのたとえです。例えば車の運転でも、広い本道ではなく細い裏道をセコセコ走ったとしても到着時間に大差はないといわれています。場合によっては交通事故のリスクも高まりますし、到着が遅れることもあります。人材の育成も同じようなことで、基礎ができていないのに難しいことをさせたところで、つまずかせて成長が遅れるだけです。

3年間は待つ覚悟を持つ

新入社員の育成でも、3年で一人前になるのであれば3年の育成期間は必要ですし、その覚悟を持つことが戦力化への近道です。「3年も待てないよ」という会社もあるでしょうが、焦ったところで結果は同じです。一見回り道のようでもじっくりと育てることが肝要なのです。「急がば回れ」において、回り道を選ぶというのは「ただのんびりと行く」という意味ではありません。急ぐときこそ、時間はかかっても丁寧で確実な方法のほうが、かえって無駄を省き、余裕を持って効率良く行うことができるということです。

まずは馴染ませ根を張らせる

例えば植物もそうですが、いきなり大きな地面に種を蒔くのではなく、まずは小さな容器で発芽させ、苗床で土に馴染ませしっかりと根を張らせることが重要です。この時期の根の張り方でその後の成長は大きく変わります。人材の育成もそれと同じです。新入社員の中には最初から頑張り過ぎる人もいるでしょうが、肩の力を抜かせることも必要です。この時期は過度な頑張りをやんわりとセーブさせて基礎を固めさせます。鉄は熱いうちに打てといいますが、打ち過ぎて潰したり、中途半端に成長されては元も子もありません。

未経験者のつもりで接する

中途採用の場合は経験もありますし、自社においても前任者との間で引き継ぎもしますが、それらのことに期待し過ぎることなく、未経験者のつもりで接したほうが無難です。そして、まだ会社に馴染めていないこの時期、仕事のことは勤務時間中に終わらせるのが鉄則です。

前任者からの引き継ぎに期待しない

退職していく前任者との間で業務の引き継ぎが行われます。しかし、会社に不満があって辞めていく場合の引き継ぎにはさほど期待できません。前任者は、とりあえず引き継ぎをしてくれるものの表面的です。その多くは、会社の裏事情など裏の引き継ぎが中心になりやすいものです。つまり、本来の引き継ぎはなされていないのと同じです。「ここだけの話だけど」「○○さんにだけは言っておくけど」などと、会社の悪口と自分の退職を正当化するような内容ですが、こんなことを毎日聞かされる側はうんざりです。

仕事の指示はゆっくり話す

中途採用の場合は経験豊富な人もいます。しかし、自社では1年生ですから、仕事の指示はゆっくり話します。早口だと、まくしたてられているように感じますし、気の弱い人は萎縮します。また、業界用語やお客様の名前など、新入社員には初めて聞くことも多いので、意識してゆっくり話したほうが理解しやすいのです。1秒間に5文字程度が適当で、例えば「しょるいを」「ていしゅつ」「とじまり」「ワードで」などです。1秒は、ゼロイチ、ゼロニ、ゼロサンというように数えると正確な時間に近くなります。

仕事のことは勤務時間中に終わらせる

新入社員とは仕事上の関係ですから、仕事のことは勤務時間中に終わらせるのが鉄則です。緊急時の連絡はともかく、日常業務のちょっとしたことまで、時間外や休日にメールを送りつけるというのは考えものです。プライベートなことであっても、勤務時間外まで関わるのは避けます。というよりプライベートへの深入りは避けたほうが良いかもしれません。今は、スマホなども普及していますから、いつでもどこでも気軽に交流できますが、コミュニケーションも、度を過ぎればうっとうしいものです。

いきなり過度な期待は重い負担になる

たとえ経験者でも自社では1年生ですから、いきなり過度な期待を掛ければ重い負担となり早々に潰しかねません。特に、「落下傘・管理職」といわれる人の場合は、仕事をしてくれるだろうという期待が大きいぶん注意が必要です。

期待は責任でもある

会社から期待されるというのは嬉しいものですが、同じくらい責任も負わせることになります。期待というのは、これくらいはできるだろうと当てにすることですが、なまじっか経験のある人だと、入社早々過度な期待をかけられたりします。そして、期待どおりにできて当たり前、少しでも劣れば「経験者なのに……」と不満が芽を出します。例えば、飲食店でも前評判が高い場合、実際に行ってみて少しでも不都合があれば、裏切られたような感じになり不満は半端ないのと同じです。不満は期待の裏返しといいます。

1年生は1年生

仮に経験者や優秀な人だとしても自社では1年生です。書類や道具の置き場所、お客様の名前も分かりません。このようなことは仕事をさせる以前の話なのですが、程度の差こそあれ、新入社員の多くはこのような状態です。また、入社1、2カ月くらいでは、会社がどのような流れで仕事をしているのか分からないこともあります。仕事では個々の仕事も大切ですが、流れをつかむことはもっと大切です。ですから、入社1、2カ月の間は、失礼ながら長年勤務しているパートさんのほうが戦力として当てになります。

「落下傘・管理職」は要注意

新入社員の中でも、過度な期待や責任を負わせやすいのが「落下傘・管理職」です。落下傘・管理職というのは経験を見込んで、総務部長や営業部長などの役職つきで採用された人です。一般の人より多少はましかもしれませんが自社では1年生です。それなりの役職をつけると、今日からでも、それにふさわしい仕事をしてくれると思いがちですが、多くの場合は幻想です。幻想は一人歩きし、会社の期待はさらに膨らみますから、重い負担になって早々に潰してしまうことも少なくありません。

また、落下傘・管理職の場合は採用目的や役割を明確にし、生え抜き従業員との折り合いをつけておくことも重要です。ここがなおざりでは、管理職の席は埋まったものの、生え抜き従業員から「お手並み拝見」とばかりに逆パワハラを受けて潰してしまうこともあります。

実践7 自主的でも残業はほどほどにさせる

責任感の強さを自負する新入社員が、時間を気にせず自主的に長時間残業をしてくれるのは一見ありがたいことです。しかし、長時間残業が原因で体調を崩したり、家族からのクレームで早期離職となれば、会社としては大きな迷惑です。

自主的でも長時間残業は断る

新入社員が、自主的に残業をしてくれる場合でも、長時間に及ぶ場合はさせる前に断るべきです。

場合によっては強制的に退勤させるくらいの姿勢も必要です。

責任感は時として無責任な結果を生む

仕事をする場合に責任感は必要です。しかし、「この仕事を終えるまでは帰りません」とか「自分だけ先には帰れません」というのは考えものです。一見、責任感が強そうな印象ですが、長時間労働が原因で自滅し、早期離職となれば採用活動が振り出しに戻るなど無責任な結果となります。本人の責任感から良かれと思って、やってくれるのかもしれませんが、会社としては大きな迷惑です。長時間労働の責任は会社しか取ることができませんから、ご厚意による自主的な残業であってもそれに甘えるべきでありません。

長時間残業はさせる前に断る

残業はさせてしまってからではどうしようもありません。重要なのは、させる前の入り口段階を押さえて、不要・不急の残業はキチンと断ることです。労務というのは、労働者の労働時間を会社が賃金で買い取る契約です。労務は目に見えませんから分かりにくいのですが、簡単に言えば商品の売り買いと同じようなものです。ですから買わない労務の提供は、提供される前に断るべきなのです。なぜなら、さかのぼってなかったことにできないからです。会社は望んでいなくても、労働時間は1分ずつ積み重なっていきます。

退勤を強制することも必要

残業中であっても、これ以上はさせられない時間がきたら、強制的に退勤させることも必要です。そうしないと長時間残業を黙認したことになります。黙認というのは黙って認めるということですが、残業問題ではよく出てきます。従業員の勝手な残業も、明確に断らなければ会社が命じたことと同じになり、そのツケはすべて会社に跳ね返ります。ですから、従わない場合は業務命令違反として懲戒処分もあり得ます。このようなことは、最初が肝心ですから、この時期にキチンとする習慣をつけさせます。

労働時間はキレイにしておく

労働時間をキレイにするというのは、時間内と時間外を明確に区別し、始業・終業時刻は正確に記録しておくことです。こうすることにより、新入社員も就業時間中は勤務に集中しますから、時間を大切にする習慣ができます。

時間内と時間外を明確に区別する

時間内というのは所定労働時間のことであり、新入社員と会社が取り決めた残業抜きの時間です。時間外というのは所定労働時間以外の時間です。まずはこの2つを明確に区別します。新入社員も

「5分、10分くらいは」と、2つの区別が曖昧になりがちですがこれが曲者です。「5分、10分くらいは」が徐々に延びていき、自分の仕事が一段落したときが終業時刻ということになってしまうのです。ですから、所定の終業時刻にチャイムを鳴らすなどして、時間内と時間外をキチンと区別します。

始業・終業時刻は正確に記録する

前述しましたように、労務は労働時間の売買ですから、労働時間の記録は正確にしておくべきです。商品の売買では数量にあたる部分ですから当然です。ですから、始業・終業時刻を「丸める」ことはやるべきではありません。「丸める」というのは、始業・終業時刻の端数時間を切り捨てることです。例えば、実際の終業時刻18時15分を、所定の終業時刻である18時00分として取り扱うことです。仮に、始業時刻前と終業時刻後に各15分を切り捨てて丸めてあると、1日30分、1カ月20日勤務なら600分（5時間）が曖昧になってしまいます。このようなことは小さなことかもしれませんが、積もり積もって大きな不満になるものです。最近は、タイムカードにそのような機能がついたものもありますが、不信感の元ですから絶対やるべきではありません。

時間を大切にする意識ができる

労働時間をキレイにしておく目的は、新入社員に時間を大切にする意識を持たせることです。所定労働時間は、スポーツにたとえれば制限時間のようなものです。スポーツ同様、新入社員は所定労働時間中に成果を挙げようと集中するようになります。制限時間内に挙げた成果がその人に対する評価だからです。もちろん、このような関係は既存の従業員にも必要です。逆に会社が始業・終業時刻を丸めたり、残業時間を実際の時間ではなく一定の時間で打ち切ったりしていると、「どうせ残業にはならないから」と、労働時間に対する意識が甘くなります。結果として、ダラダラと仕事をするようになり生産性は下がるばかりです。

長時間残業がもたらす3つのリスク

長時間残業は新入社員の家族からもクレームがつきやすく、それが原因で早期に離職することもありますし、そのようなことは世間に対して会社の信用を失墜させます。また法律違反リスクも負わなくてはなりません。

新入社員の早期離職リスク

新入社員は長時間残業をいとわないとしても、その家族からはクレームがつきやすいものです。「何で入社早々こんなに残業が多いのか」ということになりかねません。家族からここまで言われれば、本人の意向はともかく勤務を続けられなくなり、早期に離職してしまいます。特に既婚女性の場合は、夫など家族の意向が強くなりがちです。本来なら、離職に至る前に会社へ相談してほしいところですが、とことんダメになってから、いきなり離職するのですから困るのです。これでまた採用活動は振り出しです。

会社の信用失墜リスク

長時間残業のため、早期離職が多い会社は信用を失墜させてしまいます。今は「働き方改革」の関係で世間が長時間残業に敏感です。もちろん、雇用関係は会社と新入社員の関係ですが、前述しましたように、その家族など間接的に多くの人と関わっています。仮に長時間残業が原因で早期に離職した場合、家族は会社のことを良くは評価しないはずです。そして、このような評価は「へぇー、あの会社そうだったの」と、尾ひれもついて面白おかしく広がります。残念ですが世間はこのような話が好きなのです。

法律違反リスク

たとえ新入社員が自主的に行った残業でも、所定の手続きを踏まず、また法律の上限時間を超えていた場合は罰則つきの法律違反となります。労働基準法上は1日8時間、1週40時間超えの残業は原則禁止とされています。仮に所定の手続き（36協定の締結・届出）を踏んだとしても、残業が許されるのは休日労働も含めて最長1カ月100時間未満、2～6カ月平均でも月80時間以内です。また、労働安全衛生法では、労働者の健康を守る観点から、1カ月80時間を超える残業をさせた場合などに、医師の面接指導を義務づけています。

また、長時間残業が原因で心疾患などを発症すれば、労災認定されたり、さらには従業員から民事上の損害賠償請求を起こされる可能性もあります。

実践8 試用期間を通じて会社の求める人材に育成する

試用期間は、新入社員を本採用するかどうかを見極める期間であると同時に、会社の求める人材に育成する期間でもあります。ですから、試用期間中の具体的な到達目標をお互いに共有し、それを基にＰＤＣＡサイクルで回しながら、らせん階段を上るように育成していきます。

試用期間をＰＤＣＡサイクルで回す

多くの会社には試用期間がありますが、これを業務の効率化方法の1つである、ＰＤＣＡサイクルで回します。また、試用期間は新入社員が会社を見極める期間でもあり、お互いにとってのお試し期間なのです。

試用期間とは

試用期間は会社が新入社員を本採用する前に、職務能力・資質・業務適格性の有無を判断するため、試みに使用する期間です。労働基準法による2週間と会社が独自に設定する期間があります。一般的に試用期間といえば会社が設定したものをいいますので、ここでは主に後者について取り上げます。

会社が設定する試用期間としては3カ月から6カ月くらいが多いです。もちろん、法律上必ず設定しなくてはならないものではなく、必要な会社が必要な期間を設け、就業規則に規定して適用することになります。

PDCAを意識して、らせん階段のように育成する

ＰＤＣＡとは「Plan（計画）」、「Do（実行）」、「Check（測定・評価）」、「Action（対策・改善）」の頭文字をとったものです。ＰＤＣＡサイクルとも呼ばれ、P→D→C→A、P→……のように、4つの段階を循環的に繰り返し行うことで、仕事を改善・効率化することができる方法といわれています。このＰＤＣＡサイクルを試用期間に当てはめれば、試用期間中の目標が計画、仕事をさせてみるのが実行、その結果が測定・評価や対策・改善ということになります。これを繰り返すことで、らせん階段を上るように育成します。

お互いにとってのお試し期間

試用期間は会社が本採用の判断をするための期間であるとともに、新入社員にとっても、採用された会社で勤め続けるかどうかを判断する期間です。つまり、お互いにとってのお試し期間なのです。ですから、会社の対応が悪くて「どうもこの会社には馴染めないな」と思われたら、試用期間中であっても、さっさと辞められてしまいます。逆に、会社は試用期間中だからということで、簡単に解雇することは認められません。解雇するにはそれなりの理由が必要となります。

試用期間中の到達目標を共有する

試用期間は制度的には知られていても、その期間の到達目標が抽象的で、満了時にいきなり結果の判断がなされるなど、ブラックボックスのようになりがちです。ですから、到達目標はできるだけ具体的にし、お互いに共有しておくことが必要です。

ブラックボックスのような試用期間

多くの会社では、試用期間がブラックボックスのようになっています。ブラックボックスとは、機能は知られているが、内部構造が不明の装置やシステムのことです。転じて、処理過程が部外者には不明な仕組みや機構、また、他人が簡単には真似のできない専門的な技術領域のことなどをいいます。試用期間も制度的には知られていても、試用期間中の到達目標が具体的に示されていない場合も多く、試用期間満了時にいきなり、「本採用の有無」が判断されれば、ブラックボックスのようなものです。

いつまでに何をどれくらいできれば良いのか

厚生労働省のモデル就業規則（傍線は筆者が加筆）には次のように規定されていますが、多くの会社でもこのようなものです。しかし、中小企業では中途採用が多く、新入社員といっても、その能力や期待するレベルはバラバラです。モデル就業規則の傍線部分に「試用期間中に労働者として不適格と認めた者は、」とあります。しかし、これだけでは何が不適格事項で、どのレベルまで到達しなくてはならないのか理解できないのではないでしょうか。ですから個別に、試用期間満了時までの到達目標を取り決め、労使で共有しておくことが必要なのです。走り高跳びでいうバーの高さです。そして、取り決めたことは書面にしておきます。ここがＰＤＣＡの計画にあたる部分です。

（試用期間）
第６条　労働者として新たに採用した者については、採用した日から○カ月間を試用期間とする。
2　前項について、会社が特に認めたときは、試用期間を短縮し、又は設けないことがある。
3　試用期間中に労働者として不適格と認めた者は、解雇することがある。ただし、入社後14日を経過した者については、第51条第2項に定める手続によって行う。
4　試用期間は、勤続年数に通算する。

試用期間中の面談はコミュニケーションの場

到達目標が共有され、それを基にして面談することはコミュニケーションになり、新入社員も会社に溶け込みやすくなります。また、この手法は新入社員ばかりでなく、既存従業員の目標設定にも応用できます。

面談では情報と感情のやり取り

試用期間中の面談はコミュニケーションの場です。ですから、会社から一方的ではなく、新入社員からも要望事項などを聞いて双方向とします。コミュニケーションというと、感情だけのやり取りだと思われがちですが情報も含まれます。情報というのは業務上必要な知識やお客様の情報などです。ここで、感情というのは褒めることですが、褒めるのは難しいので、できていることを認めるだけでも十分です。書面にされた到達目標を間に置き、できている点は認め、できない点は指導することになります。

新入社員との接点が増える

試用期間中は到達目標を基にＰＤＣＡサイクルで回します。コミュニケーションの場でもありますから極力多く回すべきです。これが多いほど新入社員との接点が増え、会社や仕事への馴染み具合が把握しやすくなります。目安としては2週間に1回程度の面談が良いと思います。このようなことがコミュニケーションの場となり、新入社員も会社に溶け込みやすくなります。また、会社が自分のことを気に掛けてくれていると思うでしょうし、仲間として受け入れられていることを感じやすくなります。

既存従業員の目標設定にも応用できる

試用期間中の面談手法は、新入社員ばかりではなく既存従業員の目標設定にも応用できます。例えば、勤続1年目、3年目などの節目や役職登用時に到達すべき目標を定めておき、お互いに一つひとつ確認していくのです。目標が具体的だから、できていないことを指摘されても納得感があります。このような過程を踏むことで、今後「同一労働同一賃金」が本格的に運用された場合の説明根拠にもなります。逆に、具体的な目標を明示せずに結果だけで処遇しても「何で私が」「何であの人が」になりやすいのです。

実践9　初任給日を感動日にする

給料日というのはお互いに雇用関係を強く意識する日です。特に、入社後初めての給料日は中途採用であっても、入社した会社では初任給であり一度しかない特別な日です。ですから、初任給日に感動を与え、会社の一員になったことを再認識させます。

初任給日に思いを託す

初任給は特別な賃金ですから特別な支払い方をします。具体的には、今はあまりされていませんが、感謝を込めた給料袋の手渡しと思いを伝える手紙です。これだけでも特別な給料日であることは十分伝わります。

中途採用でも最初の賃金は初任給

新卒、中途採用にかかわらず、入社した会社で最初に受ける賃金は初任給です。もちろん、賃金支払いは法律でこと細かく決められていますから、金銭的なことではそう特別なことはできません。また、ほとんどの会社は銀行振込みであり、特別な初任給とはいえ、いつの間にか通帳に入っています。しかし、賃金というのは雇用関係において根幹をなすものであり、特に初任給は一度限りなので特別です。ですから、この特別な初任給の払い方で、その後の雇用関係が決まると言っても過言ではありません。

給料袋は感謝を込めて手渡す

今はＩＴ技術の普及により、バーチャル（仮想）が当たり前の時代だからこそ、初任給くらいは、給料袋を手渡しするなど工夫が必要です。トップが「１カ月、お疲れ様でした」と、ひと声掛けて給料袋を手渡し、新入社員も「ありがとうございます」と両手で受け取る。この瞬間にお互いの関係を感じ合うのです。今は銀行振り込みが多く給料袋は軽視されがちで、机の上にポツンと置かれていたり、給料袋はなく賃金明細を各自スマホで見る会社もあります。もちろん、それでも法律上は問題ないのですが感動は生まれません。

給料袋にトップの思いを添える

トップの思いは給料袋に手紙を添えて伝えます（**文例2**）。給料袋に入れるわけですから手間はかからず、さりげなく行えます。手紙とはいっても、一筆箋に1、2行だけでも構いませんが、できれば手書きにしたいところです。今はメールなど活字があふれていますから、手書きというだけで感動します。また、字はうまくなくても一所懸命書けば、かえって下手なほうが感動は大きくなります。感謝の気持ちはあっても、面と向かって言葉にするのは照れもあって難しいものです。ですから手紙がおすすめです。

新入社員へ伝えたい3つの思い

手紙に盛り込む内容は、1カ月の勤務に対する感謝、上司や先輩など関係者への感謝を促し、会社の一員となったことを認めたうえで励ますという3つです。このような思いを初任給時に伝えて、新入社員が会社に馴染みやすい雰囲気をつくります。

文例2 初任給の給料袋に添える手紙

一カ月ありがとうございました。

もう職場には慣れましたか。商品知識や顧客名など覚えることも多く、また社内ルールの励行など厳しい指導の毎日で大変だと思います。

さて、本日最初の給料日にあたり、お願いしたいことが三つあります。

まず、職場の先輩や上司に感謝してほしいのです。

この一カ月、先輩たちは自分の仕事を抱えながら、◯◯さんを一人前にしようと一所懸命指導をしてくれたはずです。彼らも◯◯さんの成長を心から願っているのです。ひと言でもいいから感謝の気持ちを伝えてもらえればと思います。

次に、ご家族に感謝してください。

◯◯さんが元気に働けるのは、ここまで大切に育ててくださったご両親があればのことです。もちろん会社も感謝しております。

そして、自分自身に投資してください。

給料や時間の一部でも良いから、自分自身の将来のために使ってほしいのです。たとえ小さなことでも、コツコツやっていれば、必ず実を結ぶものです。

今回お願いしたことは、当たり前のことばかりですが、なかなかできないものです。

しかし、一カ月頑張れた◯◯さんなら大丈夫です。

ここに、一カ月間勤務への感謝ならびにお願いとさせていただきます。

◯年◯月◯日

◯◯株式会社
代表取締役 ◯◯ ◯◯

◯◯ ◯◯様

1カ月の勤務に対する感謝

入社1カ月程度の新入社員に感謝云々もないかもしれません。しかし、会社を辞めたくなる周期である、三日三月三年の一つ目の山は越えたわけですから感謝します。感謝されて悪く思う人はいませんし、その後に続くお願いごとを素直に聞き入れてもらうためにも、まずは会社から1カ月の勤務に対して感謝の気持ちを表します。人は感謝するより、されるほうが良いのです。平たく言えば、「ありがとう」と、お礼を言うより言われるほうが良いのです。そのためには、1カ月の働きぶりをキチンと見ておく必要があります。

関係者への感謝を促す

入社1カ月くらいでは、仕事ぶりがどうこういう段階ではありません。どちらかといえば、社内の人間関係に馴染ませたり、教育の段階です。そのために、社内で面倒を見てくれている上司や先輩社員、毎日仕事に送り出してくれている家族など、関係者へ感謝をするよう促します。特に上司や先輩社員は、自分の仕事をこなしながら面倒を見てくれているわけですから、新入社員のほうから礼を尽くすべきです。新入社員に感謝されれば、上司や先輩社員も悪い気はしませんから、より親身になって面倒を見てくれるはずです。仮に、感謝の言葉を口にしなくても、そのような思いがあれば態度に表れますから相手に伝わります。人間関係は双方向ですから、このようなことにより社内の雰囲気もグンと良くなります。

会社の一員として認めたうえで励ます

「大丈夫だよ」を伝えます。人は不安なときに、さりげなく掛けられる「大丈夫だよ」のひと言を心強く感じるものです。雇用関係を最も意識しやすい初任給日は、まさに絶好のタイミングなのです。特に、新卒の場合は初めての職業生活であり、1カ月くらいはまだまだ「この会社でやっていけるだろうか」などと不安な状態です。中途採用者にしても程度の差こそあれ、状況は同じようなものです。ですから、会社の一員として認めたうえで励まします。一員として認めてもらえるから会社に馴染みやすくなります。

思いが伝わるから感動が生まれる

初任給に添える手紙は新入社員ばかりではなく、既存の従業員へも活用できます。ポイントは従業員がトップから見てもらっていることを意識することと、給料袋に添えることで、トップの姿勢が社内にじわっと伝わりやすくなることです。

見てもらっているからその気になる

新入社員は、トップから見てもらっていることで、ほど良い緊張感を持ちその気になります。このようなことは新入社員だけに限ったことではなく、既存従業員の評価にも活用できます。評価制度の原点は従業員のことを見たり接したりすることが原点だからです。たとえ手紙を書き慣れている人であっても、新入社員のことを具体的に書こうとすれば、それなりに観察も必要です。例えば、出勤や退勤時のあいさつ、研修中に先輩社員から教えてもらうときの態度、仕事の指示を受けた際の返事など意識して見ておきます。

既存の従業員にも感動は必要

給料袋に添える手紙は、新入社員だけに限ったものではありません。毎月全従業員に新入社員へ書くほどの文字数や内容は無理でしょうが、一筆箋に数行くらいなら書けると思います。手書きなら「1カ月ありがとうございました」のひと言でも従業員は感動します。それを行うには、1カ月の働きぶりや勤務姿勢を注意して見ておくことが必要です。また、そのような視点で見ておけば、1カ月の間には誰でも何かしら良いことをしているものです。手紙に書くわけですから良いことに焦点を当てるのが原則です。逆に、指摘や注意は対面で直接伝えます。

じわっと伝わるトップの思い

新入社員へ書いた一通の手紙が、意図せずとも会社全体の雰囲気を良くすることになります。トップの思いを新入社員へ伝える手紙は、給料袋に入れるのがポイントです。手紙は当然、賃金計算担当者の目にも触れることになります。もちろん、担当者も文面までは見ないとしても、トップがそのような心遣いのできる人であることは感じます。感じたことは、口にせずとも良い印象として社内にじわっと伝わるものです。「社長は少し気難しい人だけど……」。感動というのはこのような小さな積み重ねにより生まれます。

実践10 身近にいる先輩社員の帰属意識を高める

新入社員定着のカギを握るのは、身近で面倒を見てくれている先輩社員です。ですから、その苦労に報いて先輩社員の気持ちをグッとつかむのです。そのような心遣いで先輩社員の帰属意識が高まり、新入社員ばかりでなく既存従業員の定着にもつながるのです。

先輩社員の気持ちをグッとつかむ

新入社員の定着に先輩社員の存在は重要ですから、その働きに見えるカタチで報います。新入社員や上司などから聞いた評価を手紙に盛り込むことで、先輩社員の気持ちをグッとつかむのです。

先輩社員の苦労に報いる手紙

苦労に報いるのは口頭でも良いのですが、できればカタチにしたほうが良いので手紙にします（**文例3**）。新入社員と同じく給料袋に添えます。内容は、1カ月間、新入社員の面倒を見てくれたこと

文例3　新入社員の入社1カ月後くらいに先輩社員へ差し出す手紙

いつもありがとうございます。

さて、早いもので□□さんが入社して、約一カ月が過ぎようとしています。

この間、○○さんには、自分の仕事をこなしながら、□□さんの面倒を見ていただき大変助かります。ありがとうございます。

入社当初、□□さんは未経験者ということで心配もしていましたが、お陰様でだいぶ慣れてきて、日増しに成長しているようです。これも、○○さんのお陰です。

先日、□□さんも「○○さんには、良くしてもらっています」と言っていました。

当社はチームワークで仕事をしますから、○○さんのように、新入社員の面倒をよく見てくれる人がいると、仕事もスムーズにいきます。

これから先も、まだまだ教えていただくことも多いのですが、引き続き面倒を見ていただければ幸いです。ここに、□□さんの入社一カ月に当たり、日頃のご苦労に心より感謝申し上げ、お礼とさせていただきます。

○年○月○日

○○株式会社
代表取締役　○○　○○

○○　○○様

に対するお礼です。また、新入社員の成長ぶりを評価するのも良いでしょう。評価するということは、「新入社員が成長したのは、あなたのお陰ですよ」と間接的に褒めることになります。人は自分のためより人のために役立っていることに喜びを感じるものですが、成長して欲求レベルが高い人ほどその傾向は強くなります。

新入社員の入社1カ月後くらいに伝える

新入社員にとって、入社1カ月後というのは重要な時期ですが、身近にいてその面倒を見てくれる先輩社員にしても同じです。ですから、新入社員の入社1カ月後くらいに、会社から先輩社員へ感謝の気持ちを伝えます。新入社員ほどちやほやされない先輩社員ですが、実際に仕事を教えてくれるわけですから一番の功労者です。それなのに、普通に育って当たり前、少しでも劣れば教え方が悪いようなことを言われることも多く、辛い立場でもあるのです。ですから、そこに光を当てます。

第三者を通じて認められると喜びは倍になる

自分に対する良い評価は直接伝えられても良いものですが、第三者を通じて伝えられると喜びは倍になります。新入社員から良い評価をされていると分かれば、先輩社員の新入社員への接し方も良くなります。相手が厚意を持ってくれれば、こちらもそのような気になるからです。人間関係は双方向ですから、このような循環がより良い雰囲気を醸し出します。つまり、先輩社員の気持ちをつかむことにより、結果として新入社員が定着しやすい雰囲気ができるのです。

新入社員定着のカギを握る先輩社員

身近にいる先輩社員は新入社員にとって影響力が大きく、潰すも伸ばすも先輩社員次第と言っても良いのです。新入社員にしてみれば先輩社員のことは数年後の姿であり、定着のカギを握るのです。

影響力の大きい身近な先輩社員

新入社員は先輩社員の背中を見ていますから影響力が大きいのです。先輩社員をお手本に育っていくからです。新入社員は仕事のことだけでなくプライベートも含めて、身近にいる先輩社員に相談するのではないでしょうか。特に、経営者や上司に直接相談しにくいようなことはなおさらです。従業員数1、2人ならともかく一定規模の会社であれば、新入社員の面倒を経営者や上司が、すべて1対1で行うことはできません。つまり良くも悪くも身近にいる先輩社員が、新入社員定着のカギを握るのです。

潰すも伸ばすも先輩社員次第

新入社員を潰すも伸ばすも先輩社員次第です。新入社員の定着にカギを握る先輩社員ですが、就職する会社は選べても先輩社員を選ぶことができませんから、なおさらその背中が重要です。背中とは言動と行動です。好ましくない言動としては、先輩社員の口から出る経営者や上司に対する不満です。誰にも言えないから、立場的に従順な新入社員がはけ口になるのですが、あまり気持ちの良いものではありません。行動としては、遅刻や無断欠勤、ふてくされた態度などです。ちょうど、弟が兄の言動や行動を真似するようなものです。もちろん、良いことだけ真似してくれれば良いのですが、そうならないのが常です。

明日は我が身

新入社員にとって、先輩社員というのは数年後の自分です。良くも悪くも身近なお手本です。つまり、ほとんどのことは「明日は我が身」であり、たとえトップが立派な夢を語ったとしても、先輩社員を見れば自分の数年後が分かるのです。先輩社員が、少々の不満を持ちながらもイキイキしていれば「自分も頑張ろう」ということになるでしょう。逆に会社から冷遇され不満タラタラであれば「あはなりたくない、今のうちに……」ということになります。どちらにしても、先輩社員が新入社員の定着にカギを握るのは確かです。

先輩社員の帰属意識が新入社員の定着を後押しする

新入社員の定着を良くしようとするなら、先輩社員の帰属意識を高めるべきです。帰属意識が高いからこそ、新入社員に優しく接することができますし、先輩社員が定着してこその新入社員定着です。

先輩社員の帰属意識が高いと新入社員に優しくできる

先輩社員が会社に対して帰属意識が高いからこそ、新入社員に優しくできます。経営学者で人を大切にする経営学会会長の坂本光司先生は著書『日本でいちばん大切にしたい会社』（あさ出版）の中で次のように述べられています。「所属する組織に対する満足度が高く、帰属意識の高い社員でなければ、お客様が満足するようなサービスを提供することなど到底できません」。社員を先輩社員、顧客を新入社員に置き換えれば、先輩社員の帰属意識を高めることが重要だと分かります。

優しくされるから新入社員が職場に馴染む

「鉄は熱いうちに打て」の如く、新入社員に対しては厳しさも必要ですが、それ以上に優しさも必要です。そのほうが早く会社に馴染んでもらえます。人は優しくされるから人にも優しくできます。もちろん、優しくするというのは、感情的に甘やかすことではないのは当然です。逆に右も左も分からない状態で、いきなり愛のムチでは、いくら新入社員のためを思ってする叱責だとしても、今の人たちはひとたまりもありません。下手をするとパワハラ呼ばわりされかねないのが今の時代です。

先輩社員の定着はもっと重要

新入社員の定着は重要ですが、先輩社員の定着はもっと重要です。勤続3年くらいで、ようやく一人前になり、会社の戦力として貴重な財産だからです。その財産を失うことが、経営上どれほどの損失なのかは言うまでもありません。そういう意味からも、新入社員と先輩社員など既存の従業員定着は一体的な取り組みが必要です。既存の従業員の定着が悪ければ、採用した新入社員も浮足立って、遅かれ早かれ辞めていきます。新入社員の定着は、既存従業員の定着があればこそのことです。

本章のポイント

1. まずは会社に馴染ませる
2. 自主的でも残業はほどほどにさせる
3. 試用期間を通じて会社の求める人材に育成する
4. 初任給日を感動日にする
5. 身近にいる先輩社員の帰属意識を高める

COLUMUN

賃金支払5原則

賃金支払いの5原則というのは、労働基準法が定める賃金の支払いに関する5つの原則です。もちろん、初任給から適用になります。通貨払い、直接払い、全額払い、毎月1回以上払い、一定期日払いの5原則です。社労士試験を受けるとき、それぞれの頭文字から「通・直・全・毎・一（つう・ちょく・ぜん・まい・いち）」と覚えたものです。

原則1　通貨払い：現金かつ日本円で支払わなければなりません。銀行振り込みは例外ですから労働者本人の同意が必要です。

原則2　直接払い：労働者本人に直接支払わなければなりません。本人が病気や入院中などで、直接受け取ることができない場合、奥さんを「使者」として支払うことは問題ありません。

原則3　全額払い：労働者に全額支払わなければなりません。所得税や社会保険料など法令で定められているものは天引きすることが認められていますが、その他は労使協定が必要です。

原則4　毎月1回以上払い：毎月1回以上支払わなければなりません。賞与は例外です。

原則5　一定期日払い：毎月25日支払いというように、一定の期日で支払わなければなりません。

賃金支払5原則は、支払者である会社に課せられる制約であり、会社から振り込まれた賃金が、すべて奥さんの管理下に入ったとしても、それは労働基準法で制約されるところではありません。

第3章

馴染ませたら信頼関係を築く

—採用後3カ月から6カ月—

実践11　賃金計算は雇用関係の本丸と心得る

賃金は労働の対価として支払うものですから、その計算は雇用関係における本丸です。核心部分ですから、ここがアバウトでは、今まで積み上げてきたものが一瞬で崩れ去ります。もちろん、賃金計算は新入社員ばかりではなく全従業員にとって重要です。

間違いがあれば今すぐ正す

賃金計算のポイントは間違いなく行うことと、内容をキチンと説明でき従業員の納得が得られることです。特に、間違いやすい所定内労働時間と所定外労働時間の区別、割増賃金の計算、そして社会保険料の控除には注意が必要であり、もし間違えていたら今すぐ正すべきです。

時間内と時間外を明確に区別しておく

労働時間は賃金計算に直結していますので、所定内労働時間と所定外労働時間は明確に区別しておきます。前者は、残業時間を含まない労働時間です。定時の始業時刻から終業時刻までの時間帯であり、変形労働時間制を採用している場合を除き今は長くても法定労働時間である1日8時間、1週原則40時間以内です。後者は、所定内労働時間を超えた労働時間であり一般に残業といわれる時間です。これらの区別が曖昧だと、賃金計算は限りなく曖昧になります。これらの時間は、就業規則や個別に取り交わす雇用契約書にも盛り込まれているはずです。

割増賃金の計算を間違いなく行う

残業時間に対して払うのが割増賃金です。計算式は次のとおりです。

（算定基礎賃金÷1カ月平均所定労働時間）×割増し率

算定基礎賃金から除外できる賃金は、一般的に通勤手当、家族手当、要件を満たす住宅手当、賞与くらいのものです。1カ月平均所定労働時間は次のように計算します。

（年間暦日数－年間所定休日数）×1日の所定労働時間÷12カ月

割増し率は、時間外労働0・25（月60時間超ぶんは0・5、ただし、中小企業は2023年3月まで0・25）、法定休日労働0・35です。そして22時から翌朝5時までの深夜時間帯は所定労働時間内・外を問わずに0・25加算です（**図4、図5**）。法定休日というのは、会社で決めた所定休日のうち、原則として1週間に1日の休日をいいます。

社会保険料は毎月照合する

従業員の賃金から控除した社会保険料（健康保険料・厚生年金保険料）が間違いないかを毎月照合します。中小企業は多くの場合、健康保険は「協会けんぽ」であり、毎月年金事務所から「保険料納

図4　1日における時間帯別割増率の例

①1日の所定労働時間：8時間（9時～18時、途中休憩1時間）
②所定休日：法定休日（週1日または4週4日）以外の休日
③1カ月60時間超の法定時間外労働割増率は0.5（中小企業は2023年4月適用）

	9時⇒	18時⇒	22時⇒	5時⇒	9時
平日			0.25		
		0.25	0.25	0.25	
	1.0	1.0	1.0	1.0	1.0
所定休日			0.25		
	0.25	0.25	0.25	0.25	
	1.0	1.0	1.0	1.0	1.0
法定休日			0.25		
	0.35	0.35	0.35	0.35	
	1.0	1.0	1.0	1.0	1.0

図5　1週間における割増率の例

①法定休日の曜日を特定していない場合
②所定労働時間＝法定労働時間の場合

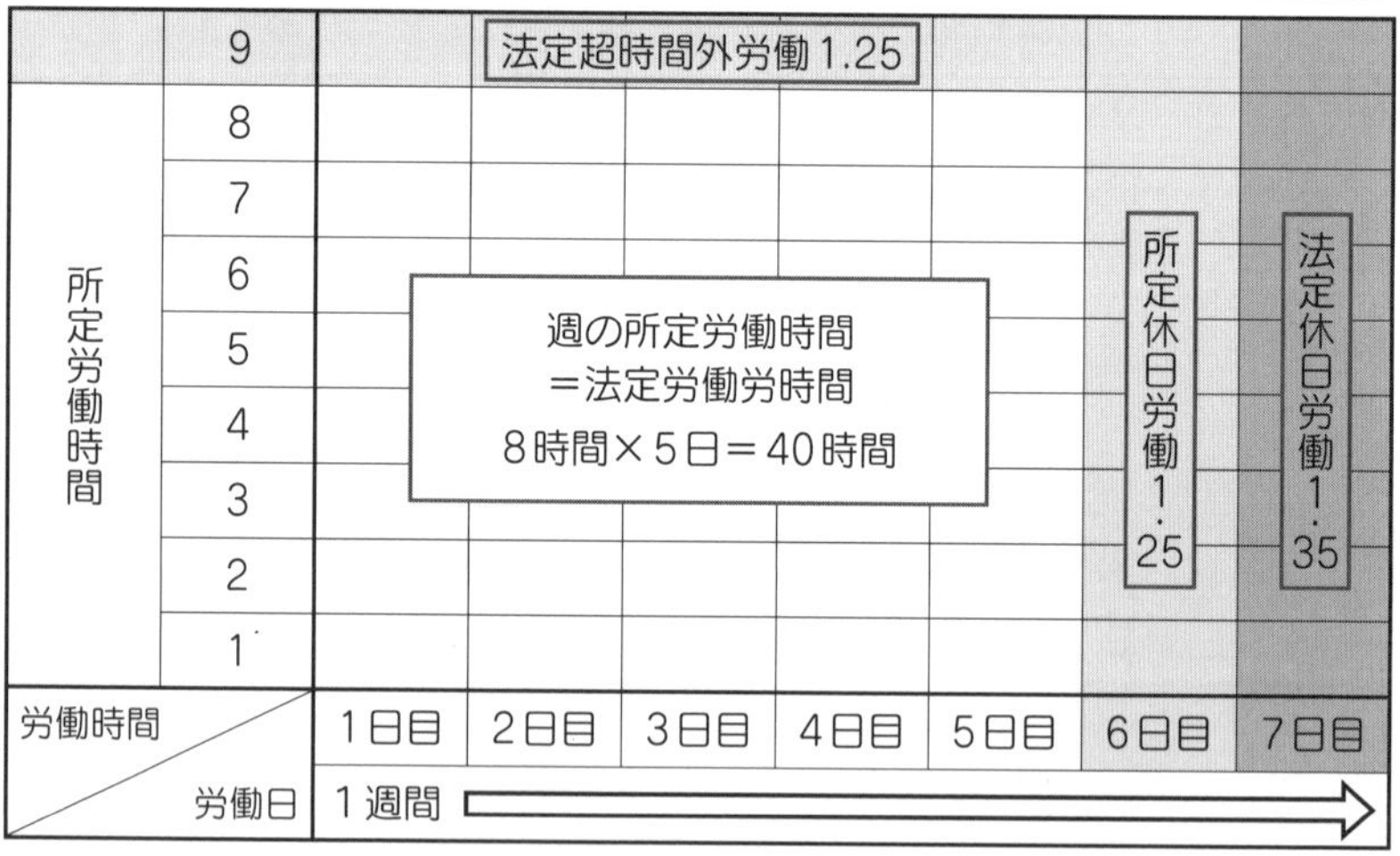

入告知額・領収済額通知書」が郵送されてきます。保険料は労使折半ですから、これに記載された健康保険料と厚生年金保険料の合計が、賃金台帳の社会保険料控除合計額の2倍に合えば良いわけです。また、保険料は従業員から控除した月に納めますから、基本的に月をまたぐ預り金は発生しません。もちろん、月末が金融機関の休日に当たる場合は翌日が納付期限になりますから、例外的に月をまたぐことはあります。

簡単なようで実のところ……

賃金計算は、パソコンで賃金計算ソフトを使えば、とりあえず簡単に誰にでもできます。とりあえずというのは、できることと、それがまっとうな賃金計算かどうかは別問題だということです。

賃金計算ソフトを使いパッパッと

今は賃金計算ソフトも使いやすくなっており、数字をピッピッと入力すればパッパッと出来上がります。保険料も税金も自動計算してくれますから、キチンと入力すれば間違いのしようもありません。プリンターから出力される賃金台帳を見れば、「今月も終わった」とひと安心です。まして、今まで賃金計算について取り立ててトラブルもなければ、そこまで深く考える業務でもありません。しかし、パソコンは入力されたデータを正しく計算するだけで、データが正しいかどうかの判断はしないのです。

賃金計算の目的を理解する

賃金計算を行う目的には主に3つあります。支払賃金額の計算、社会保険料などの計算、それに税金計算です。支払賃金額の計算では、根拠となる労働日数や労働時間、割増賃金の対象となった時間外労働、休日労働、深夜労働時間数を明確にしておくことが求められます。賃金額の合計もさることながら内訳が重要になります。一方、税金計算なら金額さえ明確にされていれば十分であり、それが基本給であろうが割増賃金であろうが大きな問題ではありません。徴収すべき税額がキチンと計算されていれば事足ります。

間違いが改善されにくい賃金計算

中途半端な経験が、賃金計算改善の足かせになっている場合があります。年金事務所や税務署の調査で指摘を受けなければ、それがまっとうな賃金計算だと勘違いしてしまいます。それでも、賃金計算を3年もやっていれば経験者となります。そのような経験者は、間違いを社内で指摘されることもなく、経験を積んでいきますし、間違っているという認識がありませんから、改善すべき意識もないのです。まして、会社の中で偉い人が賃金計算をしていますと、仮に間違っていたとしても誰も面と向かって指摘できません。

間違った賃金計算が新入社員の不安をあおる

入社3カ月も過ぎると、いくらか会社に馴染んできます。そうなりますと、次第にいろいろなものが見えてきます。その一つが毎月もらっている賃金明細です。これに間違いが多いと新入社員の不安をあおってしまいます。

不明確な賃金明細

働いた時間ではなく成果で仕事を評価する「脱時間給制」を推進しようという意見もあります。しかし、日本における雇用関係の多くは労働時間が基準です。つまり、何時間働いたから賃金がいくら、という関係です。新入社員であればなおさらです。賃金明細というのは、「勤怠項目」「支給項目」「控除項目」という3部構成になっています。例えば、勤怠項目にある残業時間等が、支給項目の割増賃金に反映されていないと「あれっ、残業したのに」と、不信感を持たれます。また、支給項目の基本給額が異常に低かったり、意味不明の手当が並ぶというのも、何となく胡散臭いものです。

保険料の控除ミス

社会保険料は、前月ぶんの保険料を当月支給の賃金など報酬から控除するというルールがあります。このルールに則って控除していないと、たとえ勤怠項目や支給項目がキチンとしていても不信感を持たれます。特に、社会保険料の控除ミスは多く、例えば、入社月に支給する賃金から当月分の保険料を控除していたりします。正しくは、翌月支給の賃金から控除すべきなのです。もちろん、前述しましたように、毎月保険料の照合を行っていれば間違いに気づくのですが、そうでなければ何十年も間違ったままです。特に小さな会社では配置転換もほとんどありませんから、ベテランの担当者が間違いを認識することもなく、堂々と控除ミスが繰り返されている場合もあります。このような間違いは新入社員でも見る人が見ればすぐに分かります。

間違った賃金計算はツケとして跳ね返る

賃金計算は新入社員ばかりではなく、既存の従業員にとっても大きな関心ごとです。賃金は従業員にとって唯一の収入源だからです。異常な状態が長く続くと、異常があたかも正常に見えるともいわれますが賃金計算の間違いも同じです。しかし、正常に見えたところで、間違いが間違いでなくなるわけではありません。労使トラブルのリスクをはらんでおり、いずれは大きなツケとして跳ね返ります。主には、不信感を持つ従業員の中途半端な勤務や離職、離職した従業員からの未払い残業代などの請求です。

実践12　試用期間満了時に雇用関係の再確認をする

多くの会社では、採用して3カ月もすれば試用期間満了ということになります。とかく形式的になりがちな試用期間ですが、採用活動の締めくくりと考え、採用時に立ち返り雇用契約書や試用期間中の到達目標に基づき、そもそもの雇用関係を再確認します。

雇用契約書や到達目標を間に置いて面談をする

試用期間満了時には、正社員登用できるかどうかの判断をしますが、面談をする場合は雇用契約書や到達目標の書かれたものを間に置いて行います。紙に書かれたものを基準に面談をしたほうが冷静な判断ができるからです。

採用時に取り決めたことを確認し合う

面談の始まりは、採用時に取り決めたことを確認し合うことからです。当初の約束は、そもそもどうだったのかです。PDCAサイクルのP（計画）の部分に当たります。労働条件や試用期間満了時に到達すべき業務レベルです。採用後3カ月も経ちますと、良くも悪くもお互いに慣れてきて、最初の取り決めが曖昧になります。これは新入社員ばかりではなく会社もです。ですから、採用時に取り交わした雇用契約書や試用期間中の到達目標を間に置いて確認し合います。人の記憶と違い、紙に書かれた文字は変わらないから客観的です。

できていないことは対面で伝える

お互いに、雇用契約書や到達目標に書かれた項目を一つひとつ確認していきます。お互いにというのは、新入社員ばかりではなく会社としても、できていることと、できていないことを確認します。雇用関係はイーブンな関係であるべきですから当然です。また、気をつけたいのは、新入社員に対して、できていないことを指摘するのは対面で行うべきです。最近はメールやラインなどでやり取りすることも多いと思いますが、表情が見えないため、こちらの真意が伝わりにくくトラブルにもなりかねないからです。もちろん、既存の従業員に対しても同じです。

自社の求める人材像と比較する

試用期間満了時に面談を行う目的は、自社の求める人材像と比較して、正社員登用するかどうかを判断することにあります。求める人材像というのは、雇用契約書や到達目標に盛り込まれた項目です。これに具体的な内容が盛り込まれていないと、「真面目な人」「やる気のある人」などのように求める人材像がぼやけます。また、判断基準はできていること、できていないことのように「コト」を意識します。ただし、会社も100％ではないわけですから、新入社員にだけ100％を求めるのは酷というものです。

場合によっては労働条件の変更もある

試用期間は試みに使用する期間ですから、想定していた以上に評価が高い場合は昇給することも有効です。もちろん逆の場合もありますが、労働条件の変更はお互いに納得尽くで行います。また、既存の従業員とも年に一度は雇用契約書に基づき向き合うことも必要です。

できれば昇給する

働きぶりを評価する場合、分かりやすいのは昇給です。雇用関係は従業員が会社に労働時間という労務を提供し、その対価として会社が賃金を払う関係だからです。もちろん、働くというのは賃金だけのことではないのですが、少なくとも試用期間満了時頃までは賃金です。ですから、基本給の昇給に限らず、本採用になったら家族手当を支給するとか、試用期間中は日給や時給、本採用になったら月給というのも考えられます。もちろん、これらのことはルールに則って行うことが必要です。

お互いに納得尽くで折り合いをつける

めったにはないでしょうが、本採用が無理だったり、試用期間を延長すべき場合もあるかもしれません。このような場合でも、いきなり「正社員として不適格」のひと言で切り捨てるのではなく、お互いに納得尽くで折り合いをつけることが必要です。試用期間とはいえ、出るところに出られた場合、会社の言い分がそのまま通るとは限りません。ですから、試用期間中は、会社が求める到達目標を基にＰＤＣＡサイクルで回し、育成していく必要がありますし、その記録が重要です。

既存の従業員とも年に一度は雇用契約書を基に向き合う

雇用契約書に基づき、向き合うべきは既存の従業員についても同じことです。雇用関係は基本的に継続した関係ですから、勤続年数を重ねていくとお互いに馴れ合いになることがあるからです。もちろん、新入社員の試用期間とは趣旨が違いますが、年に一度くらいは、そもそも最初はどうだったのかを確認し合います。雇用関係はイーブンが原則ですから、会社が守れていないことがある場合は是正します。このようなことにより、お互いの間にほど良い緊張感が保たれます。

形式的になりやすい試用期間満了時

形式的になりやすい試用期間満了時ですが、採用活動の締めくくりと捉えれば重要な位置づけになります。また、試用期間満了時だから言えることもあり、今後の雇用関係を良好に保つためにも、形式的に終わらせるべきではありません。

いつの間にかずるずると過ぎていたりする

試用期間満了とはいえ、いつの間にかずるずると過ぎていたりします。多くの場合は昨日までとあまり変わらないからです。労働条件も仕事の内容も同じであればなおさらです。それなのに、何か新入社員に不都合があった場合に、「試用期間だから……」などと思い出したように持ち出しても意味がありません。採用時から試用期間に関する手順をキチンと踏んでいなければ、新入社員にはそのような意識がないわけですから「えっ、試用期間はあったのですか？」と開き直られるのが落ちです。

試用期間満了時は採用活動の締めくくり

求人票による募集から始まり採用し、試用期間満了でようやく採用活動の締めくくりです。試用期間満了日の翌日、つまり本採用日は第2採用日でもあるわけですが、ここに至るまでそれなりの手順を踏むことになります。人を大切に採用するというのは、感情的に優しくするだけではなく、お互いに確認し合う節目を多く設けて、定着させるべき人材をコツコツと見極めることです。定着の悪い会社に限って、採用日までで安心してしまい、その時点で採用活動が停止しているのです。

試用期間満了時だから言えることもある

物事にはタイミングがあり、試用期間満了時だから言えることもあります。試用期間が明確にしてある場合、このまま働き続けたいのであれば、会社からの指摘や指導を聞き入れるはずです。例えば、あいさつ、勤務中の服装など、仕事をするうえで必要とされる基本的なことは試用期間中に言っておくべきです。こんなことを、1年も経ってから初めて口にしても仕方ありません。「何で今頃そんなことを」ということになります。今後の雇用関係を良好に保つためにも、試用期間満了時は重要です。

実践13　身元保証人さんとの信頼関係をつくる

外堀を埋める意味合いから、試用期間満了時には、身元保証人さんへ試用期間満了を報告します。とかく形式的になりがちな身元保証制度ですが、困ったときには頼りにしたいところです。ですから、何もないときにこそ、それなりの礼を尽くしておくのです。

身元保証人さんへ試用期間満了を報告する

試用期間満了に当たり、身元保証人さんへそのご報告として差し出すのが「試用期間満了ご報告状」です（**文例4**）。新入社員を定着させるために、外堀の一人である身元保証人さんへ差し出します。

身元保証人さんへ礼を尽くす「試用期間満了ご報告状」

「試用期間満了ご報告状」は、新入社員の身元保証を引き受けてくださった方に差し出す手紙です。試用期間満了というのは、新入社員だけのものではなく、身元保証人さんにとっても大きな節目ですから近況を盛り込んでご報告します。多くの場合は形式的になりがちな身元保証です。しかし、このような手紙を一通差し出すことにより、会社から礼を尽くされ身元保証人さんも悪い気はしません。また、このような配慮をする会社の評判も高まります。

文例4　身元保証人さんへ差し出す試用期間満了ご報告状

○年○月○日

○○　○○　様

○○株式会社
代表取締役　○○　○○

試用期間満了のご報告

拝啓　時下ますますご清栄のこととお慶び申し上げます。

さて、先般は○○○○さんの身元保証をお引き受けいただきありがとうございました。

お陰様で、○年○月○日をもって試用期間を満了し、正社員に登用いたしました。

試用期間中の働きぶりは申し分なく、今後さらなる成長を期待しているところです。これもひとえに、貴殿のお力添えの賜物と深く感謝しております。

今後とも何かとお世話になるとは思いますが、引き続きよろしくお願い申し上げます。

末筆ながら、貴殿ならびにご家族の皆様のますますのご健勝を心よりお祈り申し上げ、取り急ぎ試用期間満了のご報告とさせていただきます。

敬具

記

1．正社員登用日：○年○月○日
2．担 当 職 務：本社営業部　営業外勤職

以上

外堀を埋めて会社への信頼を得る

外部から内容が見えにくい中小企業だからこそ、外堀を埋めて会社への信頼を得る必要があります。外堀を埋めるとは、大きな目的を達成するために、その周りにいる人に協力をお願いしたりするような意味です。新入社員の定着を考えた場合は、本人への働き掛けはもちろんですが、外堀を埋めることも重要になります。この場合は、身元保証人さんも重要な外堀の一人です。もちろん過大な期待はできませんが、何かの際に協力者となってもらうためには、何もないときに前もって礼を尽くしておくことが必要なのです。

3回のタイミングで礼を尽くす

身元保証人さんへ手紙を差し出すタイミングは、「試用期間満了ご報告状」を含めて3回あります。最初は採用時に身元保証を引き受けてくださったときに差し出す「身元保証人就任お礼状」です。盛り込む内容は会社の自己紹介と身元保証を引き受けてくださったことへのお礼です。そして、最後は身元保証期間満了時に差し出す「身元保証満了お礼状」です。後述しますが身元保証には期間がありますから、そのときにお礼方々ご報告します。それ以外にも、昇格や仕事の内容が変わった場合もご報告すると丁寧です。

身元保証制度の現実は

会社にはいろいろな人が入ってきますが、それに応じてさまざまな問題も起きます。そのようなときに、身元保証人さんが間に入ってくだされば良いですが、現実に身元保証制度はそこまで万能ではありません。

いろいろな新入社員イマドキ事情

中小企業には、従来からいろいろな人が入ってきていましたが、今は普通の人でもいろいろあって、身元保証人さんにご登場いただきたい場面も増えています。例えば、入社早々メンタル系疾患で長期欠勤が続くも「大丈夫です、もう少し休めば復職できます」と、懇願されることもあります。これに家族も加わり、冷静な話し合いができないこともあります。本人や家族が辛いことはもちろんですが、会社にも事情があります。このようなとき、誰か冷静な第三者が間に居てくれたら……。

身元保証には有効期間がある

身元保証は無期限に有効ではなく有効期間があります。会社と身元保証人さんとの間で、期間を定めた場合は最長5年間です。もし期間を定めていなければ3年間です。仮に、有効期間を過ぎても、なお身元保証が必要な場合は、あらためて契約を結び直すことが必要です。しかし、現実的には3年もしくは5年前に身元保証書を提出しただけで、ご無沙汰の身元保証人さんへ今さら更新はお願いし辛いのではないでしょうか。また、身元保証人さん自身も、身元保証に対してそこまでの認識はないはずです。たまに、何十年も前の身元保証書を大切に保管されている会社もありますが、思い出としてはともかく法的には通用しないことになります。もちろん、身元保証人さんが有効期間関係なしに保証に応じてくだされば良いのですが。

極度額の記載が必要

民法改正により、２０２０年4月からの身元保証契約には賠償極度額の記載が必要になりました。これが未記載だと身元保証契約自体が無効となります。しかし、身元保証書に極度額が1千万と記載されていたら、普通の人は押印を躊躇するでしょうし、今でも身元保証人さんが損害を賠償するようなことはほとんどありません。ですから、実務的には金銭賠償を外して人物保証という位置づけのほうが現実的です。そして、従業員の病気休職や無断欠勤などの場合、間に入っていただけたら会社としても助かります。

何もないときから信頼関係を築いておく

身元保証に限ったことではありませんが、困ったときだけ頼っても相手にされません。ですから、何もないときから、身元保証人さんとコミュニケーションを図って、信頼関係を築いておくことが大切です。

困ったときだけでは相手にされない

親や親戚であっても、困ったときだけのお願いには良い顔をしてくれません。まして、身元保証人さんは会社と基本的に面識もなく、採用時に紙切れ一枚でつながっているだけですからなおさらです。それなのに突然、「身元保証をしていただいている○○さんの件で…」と言われても、身元保証人さんからしてみれば寝耳に水であり、相手にもしたくないはずです。頼まれたからとりあえず印鑑は押したものの、採用時の保証をしただけで、もうとっくに終わっている話なのです。

日頃のコミュニケーションが大切

「遠くの親戚より近くの他人」といわれますが、何事も日頃のコミュニケーションが大切ということです。それは身元保証人さんも同じことです。コミュニケーションは情報と感情のやり取りですが、ここで情報というのは、試用期間が満了したということです。そして、感情というのは会社からのお礼です。困ったときに頼りにするのであれば、何もないときにこそコミュニケーションを図っておくべきです。もちろん、身元保証人さんに頼るようなことはないほうが良いのは言うまでもありません。

分かってくださる方は分かってくださる

信頼は小さなことの積み重ねです。身元保証人さんへ、試用期間満了のご報告をされている会社は少ないと思います。言われてみれば「なるほど、そうだね」なのですが、できそうでできないものです。だからこそ他社と差別化できるのです。もちろん、このような手紙をもらっても、何とも思わない方もいらっしゃいます。しかし、それなりの方はそれなりの評価してくださいます。分かってくださる方だけ分かってくだされば良いし、そのような方でないと、身元保証人さんとしては意味がありません。

実践14　正社員登用で従業員相互の信頼関係をつくる

試用期間が満了すれば正社員登用です。もちろん、新入社員本人にスポットが当たるのは当然ですが、上司や先輩社員など周りの従業員が面倒を見てくれた貢献は少なくありません。ですから、そのような人たちにも配慮することで従業員相互の信頼関係をつくります。

一通の手紙で社内の雰囲気がグンと良くなる

正社員登用に合わせて、新入社員へ一通の手紙（**文例5**）を差し出します。本人の成長ぶりと上司や先輩社員の評価を伝えます。上司や先輩社員が、自分を認めてくれていることが間接的に伝わり、社内の雰囲気がグンと良くなります。

文例5　正社員登用の新入社員へ差し出す手紙

試用期間の三カ月間お疲れ様でした。

未経験の仕事でもあり不安もあったでしょうが、だいぶ慣れられたようですね。

上司である○○課長や先輩社員の□□さんからも、「真面目で順調に育ってくれている」と、お墨付きをいただき大変嬉しく思っています。先にお知らせしたとおり、正社員登用とさせていただきます。

これからは、今までに増して実践的な業務を担っていただくことになりますが、これまで同様、職場の人間関係を大切にしながら業務に精励していただければ幸いです。

会社としても引き続き全社を挙げて支援していきますので、新しいことにも積極的に挑戦していただければと思います。

ここに、試用期間満了ならびに正社員登用にあたり、日頃の勤務への感謝方々お願いとさせていただきます。

今後とも、どうぞよろしくお願い致します。

○年○月○日

○○株式会社
代表取締役　○○　○○

○○　○○様

新入社員の成長ぶりを伝える

まずは試用期間中の成長ぶりを認めます。仮に試用期間が3カ月だった場合、入社したての頃とは比べものにならないくらい成長しているはずです。もちろん、毎日見ているので成長に気づきにくいところもありますが、この時期の3カ月は大きいものです。また、身近で面倒を見てくれた上司や先輩社員の評価も、伝え聞いた形で盛り込みます。人は直接よりも第三者を通じて認めてもらったほうが何倍もうれしいからです。できていないことを指摘するのではなく、できていることを認めるようにします。

自分を認めてくれた上司や先輩社員に感謝

自分を認めてくれる人は、とりあえず良い人です。この手紙では、上司である課長や先輩社員の言葉として、「真面目で順調に育ってくれている」と新入社員に伝えています。これを目にした新入社員にしてみれば「課長や先輩社員は、直接口にはしないが自分のことをキチンと認めてくれている」と受け取るはずです。そして、自分のことを認めてくれている上司や先輩社員に、感謝するのは当然の流れではないでしょうか。もちろん、作り話ではいけませんから、言葉を引用する人には、あらかじめ確認しておくことは必要です。

感謝し合うことで雰囲気が良くなる

組織においてお互いに感謝し合う人が多いと雰囲気が良くなります。手紙をもらった新入社員が会社へ感謝するのは当然です。上司や先輩社員から間接的に認められた新入社員の気持ちを考えてみてください。おそらく手紙を目にしてから、上司や先輩社員に対する接し方は変わるはずです。上司や先輩社員も、新入社員からそのような態度で接してこられると悪い気はしません。こうして、会社、新入社員、そして上司や先輩社員の間に感謝の輪ができるのです。このような組織の雰囲気が悪くなるはずがありません。

正社員登用は見えるカタチで意識させる

正社員登用の意識づけは、新入社員へ差し出す手紙、正社員登用辞令の交付、そして朝礼などの場で周知することで行います。目に見えないことですから意識してカタチにします。

会社の思いを手紙で伝える

前述した手紙は、正社員登用を意識させるにはもってこいです。意識というのは目に見えませんから、それを見えるカタチで伝えることも必要です。具体的には思いを手紙にするのが分かりやすいと思います。正社員登用直後の給料袋に入れて渡すことを想定しています。後述します正社員登用辞令の交付は、どちらかといえば情報伝達ですが、手紙は感情伝達です。形式的になりがちとはいえ試用期間を満了し、正社員登用という節目を迎えるわけですから、会社の思いをキチンと伝えます。

正社員登用辞令を交付する

小さな会社だと、少々大げさかもしれませんが、正社員登用辞令は交付したほうが良いと思います。正社員登用といっても、特別に何かが変わるわけでもなければなおさらです。目に見えないものだからカタチが必要になりますし、正社員登用日をお互いに意識するためにも、紙に書かれたものがあると具合が良いのです。「おめでとう、よろしく頼みますね」と手渡します。また、これを機に昇給をする場合も、この辞令に書き込んでおけば新入社員の会社に対する信頼感はグンと高まります。

朝礼などの場で周知する

正社員登用は朝礼の場などで周知します。新入社員に対して気持ちを新たにしてもらうためです。もちろん、仕事はまだまだなのでしょうが、一応は正社員登用ですから「新入社員気分はほどほどに、これからはちょっとだけ頑張ってね」を感じ取ってもらいます。また、既存の従業員に対しては、ここまで育ててくれた感謝とこれからも変わりなく指導してくれるようにお願いします。新卒一括採用ならまだしも中途採用の場合、誰がいつ正社員登用されたのか、意外に知られていないものです。

正社員登用が喜ばれる社風をつくる

正社員登用も、意識しないと何のインパクトもありません。ですから会社の一大イベントとして位置づけ、「この会社に入社して良かった」と感じ取ってもらうことが必要です。他社と差別化するにはまたとない機会です。

「正社員登用、何がめでたい」

定着の悪い会社ほど正社員登用にメリハリがありません。いつの間にか試用期間が過ぎていても、お互いに気づきません。雇用関係が甘いとも言えます。そして、労働条件は何も変わらないのに、ある日突然、正社員になったからと責任だけ押しつけられれば「正社員登用。何がめでたい」の心境です。また、新規雇用ではなく、パートさんからの正社員登用もありますが、待遇はさほど変わらないのに、責任だけ重い正社員登用であれば「謹んでご辞退申し上げます」と断られるのが落ちです。

正社員登用は会社の一大イベント

正社員登用というのは、新入社員が晴れて会社の一員として認められることです。ですから会社としても一大イベントであり、全従業員に周知して晴れの日を祝います。繰り返しになりますが、入社当初はさほど強くない会社への信頼関係を、節目における働き掛けで、徐々に高めていく必要があります。「この会社に入社して良かった、正社員になれて良かった」というのは新入社員が感じ取ることですから、そのように感じてもらえるよう節目における対応が重要なのです。

理屈だけで割り切らない

人は理屈だけでは動きません。理屈に加えて心に響く情が必要です。人はその組織で認められ大切にされるからこそ、その組織のために本気で頑張ろうとするのです。正社員登用も理屈だけで考えれば何ら手続きは必要ありません。一般的には正社員登用の辞令が交付されていれば良いほうです。だからこそ、他社がやっていないような手紙で思いを伝えることにより、入社した会社が、他社よりも素晴らしいと感じ取ってもらえます。中途採用者の場合は、前職と比較しますからなおさらです。

実践15　イーブンな関係で信頼関係を保つ

採用直後に比べるとだいぶ会社に慣れてきた新入社員ですが、だからこそこの時期には貸し借りなしのイーブンな関係を意識する必要があります。また、一方的な関係では長続きしませんから、潤滑油であるお互い様感覚も重要です。信頼関係がありそうでないのがこの時期です。

貸し借りなしを意識する

雇用関係は、借りて不仲になるよりも、いつもニコニコその都度決済です。つまり、貸し借りなしのイーブンな関係が大原則です。そのためには、雇用関係において優位な立場にある会社が、貸し借りなしを意識すべきです。恩恵的に貸しをつくる場合も、その見返りを求めるべきではありません。

雇用関係の貸し借りとは

イーブンというのは、お互いに貸し借りなしで対等というような意味です。会社の立場から、ここで「貸し」とは、法律や就業規則上で行う必要はないのに新入社員のため恩恵的に行うこと、「借り」とは、その逆で会社に義務があるのに行わないことをいいます。また「借り」は新入社員に無用な隙を見せることにもなります。しかし、多くの場合、会社は新入社員に対して「貸し」の意識は強いものの、「借り」の意識はありません。お互いに立場が逆ですから、新入社員の意識も逆になりやすいのです。ちょうど、お金の貸し借りにおいて、借りた人に比べて貸した人は何倍も忘れにくいのと同じようなことです。

法令順守できていないことに賛同を求めない

経営をしていますと100％法令順守できないこともあります。しかし、守れないことを正当化し、それを新入社員にも賛同させることは慎むべきです。このこと自体が、新入社員に対して借りをつくることになるからです。また、会社の隙を見せるようなもので雇用関係は限りなく甘くなります。例えば、終業時刻を過ぎても、30分程度は手当なしに働いてくれる場合もあります。しかし、それを当然のことのように賛同を求めても、顔では納得したように装いますが、腹の中では「私にそんなことを言われても……」です。

貸しに見返りを求めない

新入社員への貸しはその場限りとし、見返りを求めるべきはありません。貸し借りのうち、貸しについては、後々会社に負担がついて回ることもないので良いのですが、「その代わり」を求めると恩着せがましくなります。恩着せがましいことをすると、ケチな会社だというレッテルを貼られてしまいます。見返りというのは、例えば食事をご馳走したから、残業や休日労働をすすんでやってもらうように仕向けたりすることです。このようなことをすると、せっかくのご厚意なのに「えっ!?」ということになりかねません。

イーブンな関係＋お互い様感覚

雇用関係も貸し借りだけだとギクシャクしますから、潤滑油としてのお互い様感覚も持ちます。また、会社として少々のことは割り切るなど、損して得とれ感覚も必要です。

貸し借りだけだとギクシャクしやすい

雇用関係は3次元で捉えるべきです。3次元というのは、法律、経営、そして人の気持ちという3つの視点から考えるということです。ここが、人の気持ちがあまり関係しない、2次元で済む、経理や会計業務と大きく違うところです。法律も守り労働条件も悪くないのに、定着の悪い会社で特徴的なのは、「人の気持ち視点」が不足していることです。経理や会計業務の延長線で、貸し借り感覚だけで雇用しようとするから、雇用関係がギクシャクしてしまうのです。

お互い様感覚が潤滑油になる

雇用関係には、イーブンな関係に加えてお互い様感覚も必要です。いわゆる潤滑油です。お互い様というのは待遇と仕事のバランスです。中小企業でも2021年4月から適用される「同一労働同一賃金」は、処遇と仕事のバランスです。処遇以上に小難しいことを求めるからギクシャクしやすいのです。中小企業に入ってくる人は、そう突拍子もないことは考えていませんから、お互い様感覚を潤滑油に、処遇が悪いぶん、思いやりや良い雰囲気をつくれば新入社員の納得感も得られます。

雇用関係は損して得とれ

雇用関係はお互い様ですから、損して得とれ感覚も必要です。雇用関係を法律どおりにやろうとすれば、限りなくセコセコした関係になります。雇用関係の法律はハードルが高いといわれますが、実は最低基準です。それなのに、法律違反しなければ良いと、あれこれ策を練って、いくらか得をしたところで新入社員の納得は得られにくいのです。そして、せこい会社だと思われ、分からない程度に手を抜かれて、目に見えない損をしてしまいます。つまり、少々のことには目をつむるくらいの割り切りも必要なのです。

一方的な関係は長続きしない

信頼関係は相手が感じ取ることですから、会社からの一方的な押しつけでは新入社員のホンネが伝わりにくくなりますし、他社の切り取り情報を鵜呑みに施策を講じても見切られてしまいます。

信頼関係は相手が感じ取ること

入社3カ月を過ぎますと、身内のような感覚になりますが、それはあくまで会社の認識です。考えてもみてください。今は雇用関係にありますから少なからず主従の関係にありますが、つい最近まで見ず知らずの仲です。表面上はともかく、そう簡単に信頼関係ができるはずはないのです。もちろん、こちらの事情を分かってくれているだろうと思いたいところですが、相手はどう考えているかは分かりません。ですから、会社や業界の事情を一方的に押しつけるべきではないのです。

新入社員のホンネが伝わりにくくなる

新入社員も入社後の期間が経てばたつほど会社の雰囲気に慣れてきます。慣れるということは、新入社員のホンネが会社に伝わりにくくなるということでもあります。入社時には「ちょっとおかしいな」と思っていたことも、口にして良いことと悪いこと、言って良い人と悪い人を推し量るようになるからです。もちろん、ある程度そのようなことは必要なのですが、度を過ぎるとホンネを会社に伝えないまま「今ならまだ間に合う、今のうちに転職」ということになりかねません。

他社の切り取り情報を押しつけると見切られる

マスコミが人物の発言や写真・映像など、その一部だけを切り取って視聴者に誤解を与えるような報道を切り取り報道といいます。これと同じで、例えば同業者から「うちでは、こうしている」という一部の情報を鵜呑みにして、「それでは、うちでも」と新入社員に押しつけたりする会社もあります。しかし、会社は氷山のようなもので隠れて見えない部分のほうが圧倒的に大きいのです。ですから、全体を見ずして表面だけ真似をしたところで「前提条件が違うでしょ」と見切られてしまうのは必定です。

本章のポイント

1. 賃金計算は雇用関係の本丸と心得る
2. 試用期間満了時に雇用関係の再確認をする
3. 身元保証人さんとの信頼関係をつくる
4. 正社員登用で従業員相互の信頼関係をつくる
5. イーブンな関係で信頼関係を保つ

COLUMUN

社会保険料の控除は指折り数える

社会保険料の控除は簡単なようで間違いが多いものです。特に、賃金が上がり下がりした場合の「月額変更届」時は経験豊富な方でも悩みます。もちろん、年金事務所から「報酬月額決定通知書」なるものが送られてきますが、具体的に「何月何日から差し引くように」とまでは書いてありません。そこでおすすめなのが、指折り数えて新しい保険料の控除タイミングを知る方法です。少々原始的ですが、体で理解できますからとってもグーです。前提として、社会保険料では何月分の賃金であろうと支払い月ベースで考えてください。特に、初めて社会保険関係の事務を担当することとなった方へ保険料控除時期を教えるのに最適です。

①まず右でも左でも好きなほうの手を開く（じゃんけんでいうパーの形）
②月額変更届を提出する原因となった固定的賃金が変動した月を親指として折る、そこから3カ月をそれぞれ人差し指、中指、薬指の順に折る。
③そして小指を折り、薬指が新しい保険料の改定月、小指の月に支払われる賃金から新しい保険料を控除する。

以上で終了、グーとなります。

第4章

信頼関係ができたら働きぶりを認める

—採用後6カ月から2年—

実践16　最初の有給休暇付与日に取得マナーを伝える

勤続6カ月といえば最初の有給休暇付与日です。法律上は有給休暇を取得できる権利を与えるということです。しかし、権利ということで、当然のように取得されますと社内がギクシャクしますから、取得のマナーを伝えます。こうすることで有給休暇が取得しやすくなり、従業員相互の人間関係も円滑になります。

「有給休暇付与通知書」で取得のマナーを伝える

取得のマナーは口頭だけではなく、有給休暇付与通知書を交付して行います。有給休暇の付与日数はもちろん、有給休暇を取得するとはどういうことなのかを意識させます。もちろん、既存の従業員も同じです。

有給休暇とは

正式には年次有給休暇といいます。一般的には有給休暇、年休、有休などといわれていますが、ここでは有給休暇といいます。出勤すべき日に、自分の都合で休んでも、賃金が通常どおり払われる休暇のことです。労働基準法上は、6カ月間継続勤務し、その間の出勤率が8割以上であった場合に10

日間付与されます。その後は1年ごとに付与日数が増えていき、6年6カ月以降の勤務から1年につき20日付与が上限です。ただし、1週30時間未満、かつ1週5日未満勤務のパートさんについては、勤務日数に応じて通常より少ない日数が比例付与されます。付与とは、有給休暇の取得可能な日数を与えること、取得とは、実際にそれを使用して休むことです。たとえるなら、デパートなどの商品券をもらうのが付与、それを使って実際に買い物をするのが取得です。

有給休暇付与通知書で堂々と伝える

有給休暇付与通知書（**文例6**）は、勤続6カ月経過した最初の有給休暇付与日に交付します。ですから、この通知書は6カ月の勤務実績を認めた証ともいえます。この時期の勤務実績というのは、仕事の質というより毎日キチンと出勤してくれることです。なお、有給休暇付与通知書は、法律で様式が決められているわけではありませんから会社で自由に作れば良いのです。もちろん、既存の従業員にも1年に1度は有給休暇付与日がありますから、そのタイミングで交付をおすすめします。

有給休暇付与通知書を通じて雇用関係を意識させる

雇用関係は「ノーワーク・ノーペイ」、つまり働いていない場合は、賃金支払い義務なしが大原則です。有給休暇はこの例外であり、休日以外の日に休んでも、賃金が支給される制度です。しかし、慣れてきますと有給休暇があって当たり前になり、お互いに意識が薄くなりがちです。ですから、最初の有給休暇付与日は当然ですが、1年に1度くらいは雇用関係を意識させるために、このような通知書が必要です。それに加えて、有給休暇の取得マナーを伝えることにより、社内にお互い様感覚を

文例6　有給休暇付与通知書

年次有給休暇付与通知書

○○　○○　様

あなたは、○年○月○日から○年○月○日の間の所定労働日数の8割以上を出勤されましたので、下記日数の年次有給休暇を付与します。なお、取得時はマナー・ルールを守っていただき、皆が気持ちよく休暇を取得できるよう配慮をお願いします。

○年○月○日

○○株式会社
代表取締役　○○　○○

記

1．付与日数　　10日　（付与日から2年間有効です。）

2．有給休暇取得マナー・ルール

①前日には、周りの従業員へ「明日は有給休暇で休ませていただきますので、よろしくお願いします」といったあいさつをしてください。
②当日の業務を予測して、引継ぎは密にしてください。
③翌日には、周りの従業員へ「昨日は有給休暇で休ませていただき、ありがとうございました」といったあいさつをしてください。
④午前又は午後のみの取得も便宜上認めます。この場合は、時間に関係なく2分の1日取得したものとして処理します。
⑤取得希望日が業務の都合上困難である場合は、その時季を変更していただきます。
⑥取得日はできるだけ早めに届けてください。

醸成させます。

取得マナーは「根回し」「本番」「後回し」

有給休暇の取得率は今後徐々に高まるでしょうが、大切なことは、単に権利・義務の関係で済ませるのではなく取得マナーを守らせることです。これを取得前日、当日、そして取得翌日に分けると「根回し」「本番」「後回し」となります。今はこれが、意外にできていないのです。

前日のマナー「根回し」

有給休暇取得日の前日には、周りの従業員へ「明日は有給休暇で休ませていただきますので、よろしくお願いします」くらいのあいさつは必要です。小さな会社だと一人休むだけでも周りに負担が掛かるからです。それに従業員のなかには「まったく、入ったばかりなのに、もう有給休暇か」と思う人もいるかもしれません。ですから前もって伝えておくのです。いわゆる「根回し」です。また、当日新入社員が出勤して来ないと、有給休暇を取得していることを知らない人は「どうしたのかしら？」と心配するかもしれません。

当日のマナー「本番」

当日の業務で、有給休暇で休む人に関わりのありそうなことは周りの従業員へ引き継がせます。例えば、「明日、取引先のA社から電話がありましたらこの書類を郵送してください」というように、不在時に想定されることを頼んでおきます。取引先は、自社の誰が有給休暇で休んでいるかどうかなど関係ありません。ですから、有給休暇で休む場合は、当日の仕事を予測して、その対応を考えて措置させておくことが必要になります。それができてこそ、周りの従業員も安心ですし、本人も当日ゆっくりと休めます。

翌日のマナー「後回し」

有給休暇取得日の翌日には、周りの従業員へ「昨日は有給休暇で休ませていただき、ありがとうございました」くらいのあいさつは必要です。これは「根回し」の逆で、私は「後回し」と言っています。ここまでやって有給休暇の取得が完結します。有給休暇で休んだことにより、実際に周りの従業員に負担がかかったかどうかは関係ありません。このような配慮をすることにより、次回の有給休暇が取得しやすくなるなど、従業員相互の人間関係を円滑にすることが重要なのです。マナーとはそういうものです。

「これが我が社の取得マナーだ!」

有給休暇は法律上、従業員の権利、会社側の義務ということになります。しかし、権利・義務だけだと社内がギスギスしやすいので、取得マナーを守らせて社内の人間関係を円滑にさせます。

権利・義務だけだと社内がギスギスしやすい

法律上、有給休暇は入社6カ月勤続すれば自動的に付与され、新入社員が請求すれば原則として拒むことはできません。従業員にとっては取得の権利、会社は付与の義務です。もちろん、権利・義務であることは理解はできます。しかし、有給休暇の付与要件である8割以上の出勤とは、週休2日制の場合、毎週1日欠勤したとしても満たしてしまう要件です。そのようにして付与された有給休暇を、当然の権利として請求されると、理屈上は理解できても感情的に納得できず、社内がギスギスしやすいのです。

取得マナーを堂々と示せば社風となる

有給休暇付与通知書を交付して「これが我が社の取得マナーだ！」と示します。取得マナーを堂々と示すことにより、有給休暇の取得を通じて社内にお互い様感覚が醸成され、月日を重ねて社風になります。このような社風が、有給休暇の取得しやすい会社をつくり定着率を後押しするのです。新入社員のなかには「権利なのに、何でこんなことまで？」という人もいるかもしれません。だからこそ、最初の有給休暇付与日に伝える必要があるのです。これは理屈ではなくマナーの問題です。

「働き方改革」は休み方改革でもある

２０１９年4月から「働き方改革関連法」が順次施行されています。一般には「働き方改革」といわれていますが、別のいい方をすれば休み方改革でもあります。とりわけ、有給休暇の年間5日取得義務化は大きな影響を与えており、業務に支障なくいかに取得させるかが課題です。また、法律が変わると働く人や世間の感覚も変わりますが、有給休暇についても、取得についてますます権利意識は強くなると思います。だからこそ、取得するのなら取得時のマナーをキチンと守らせるなど、同僚への配慮が必要なのです。

実践17　研修会後のひと手間で研修効果をグンと高める

新入社員を外部研修会へ出席させた場合に、大切になるのが見えるカタチでフォローすることです。研修会へ出席させた後に、会社の思いを一通の手紙に託します。このようなことを通して認め育てることにより、研修効果をグンと高めることができます。それがないと、ただ行っただけの研修会になりやすいのです。

研修会出席者を見えるカタチでフォローする

新入社員を外部研修に出席させた場合に、大切なのが出席直後のフォローです。研修目的や研修会に関連して、これから期待することを手紙にして伝えることより、研修効果をグンと高めることができます。

研修会出席後に会社の思いを伝えるこの一通

新入社員を外部研修会に出席させた場合に、会社の思いを伝えるのがこの手紙です（文例7）。研修会に出席させた直後、もしくは2カ月以内くらいの給料袋に添えることを想定しています。新入社員も研修会出席直後はともかく、1カ月も過ぎますと徐々に研修会の記憶が薄れます。ですから、このような手紙で研修会の記憶を呼び覚ましてもらうとともに、研修会へ出席させた会社の思いを伝えます。もちろん声掛けだけでも良いのですが、手紙にすることで、思いがより伝わりやすくなります。

ではどのように……。

研修会へ出席させた目的を明確にする

会社が、なぜ研修会に出席させたのか目的を伝えます。仮に1日の研修であっても、外部であれば研修費用、その日の賃金・交通費、その人が抜けたことによる周りの負担など相当なコストがかかります。そうしてまで出席させるには相応の目的があるはずです。もちろん、あまり押しつけると逆効果ですが、目的はさらりと盛り込みます。それは、新入社員の働きぶりを認め、今後への投資という意味合いもあります。このようなことを伝えられれば、新入社員も自分が期待されていることが分かり、さらに頑張るようになります。

研修会に関連してこれから期待することを伝える

会社が新入社員を研修会に出席させるのは、将来に期待しているからです。期待するというのは会社が新入社員の働きぶりを認めて、将来へ投資するということです。ですから、出席していただいた

文例7　研修会出席者に差し出す手紙

いつもありがとうございます。

さて、先日は□□の研修会お疲れ様でした。
○○さんには事務担当として入社していただきましたが、将来に向けスキルアップしていただきたいと思い出席してもらいました。
当社は建設業なので、直接の担当業務ではなくても、設計や施工全体の流れというか、基礎知識を勉強しておくと自信になりますし、その自信が成長につながります。

勉強熱心な○○さんですから、今回の研修を活かして、さらに成長してくれるものと期待しております。
○○さんは事務担当とはいえ、人手が足りないときは営業や現場の手伝いもしてくれており、いつもテキパキと動いてくださって感心していますし、会社としても大変助かっています。
確かに、会社の第一線は営業や現場ですが、○○さんが裏方で頑張ってくれているからこそ、会社はチームとして成果を挙げることができています。

ですから、○○さんはチームの貴重な一員なのです。

これからも、研修会などに積極的に出席していただき、大いにスキルアップしてくださることを期待しております。

○年○月○日

○○株式会社
代表取締役　○○　○○

○○　○○様

研修会を、今後どのように活かしてほしいのかを伝えます。もちろん、研修会の内容が、今の業務にピッタリ合っているものばかりではないでしょうが、基本的な考え方は習得できるはずです。中には、「こんな研修が何の役に立つのか」と思って参加している人もいるからです。

研修会出席を通して認め育てる

研修会出席後の勤務姿勢や働きぶりを認めることにより、研修効果はグンと高まります。そのためには、新入社員の動きなどをよく見ておくことが必要です。このようなことが、既存の従業員にも好影響を及ぼしますし、社内の雰囲気も良くなります。

認められるから研修効果がグンと高まる

研修会で習得したことを認められると、研修効果はグンと高まります。例えば、研修後に簡単な小テストをし、良い点数が取れると満足感があります。これも研修の習得度を認められた効果です。もちろん、研修会で知識などを習得してもらうことは大切です。しかし、それよりも大切なのは、研修会をきっかけに、勤務姿勢や働きぶりが変わったことを会社から認められることです。それを枠に感じますから、研修会で習得したものの何倍も研修効果が高まるのです。

新入社員のことをよく見る

新入社員のことを認め育てるには、その動きなどをよく見ておくことが必要です。新入社員のことをよく見ていればこそ、今どれくらい会社に馴染み、成長しているかが分かるのです。もちろん、分かるから前述したような手紙も書けます。新入社員の立場から言えば、社長や管理者はいつも自分のことを見てくれている、気に掛けてくれていると実感できるから安心なのです。これこそが中小企業ならではの強みであり、このようなことがあるから労働条件が少々悪くても頑張れるというものです。

既存の従業員にも好影響を及ぼす

研修会出席を通して新入社員を認め育てることは、既存の従業員にも好影響を及ぼします。新入社員がその気になって定着・成長してくれると、一緒に働く既存の従業員も助かります。また、研修会後のフォローなど、細やかな配慮は既存の従業員にとっても安心感があります。「社長は何を考えているのか分からないところもあるけど、新入社員のことをよく見ていらっしゃる」ということにもなります。このようなことは自然なカタチで社内に広がり、雰囲気づくりにも大きく好影響を及ぼします。

「子は親の言うようには育たない、するように育つ」といいますが、トップと従業員の関係も同じようなものです。トップ自らが新入社員を大切に育てる姿勢を示せば、黙っていても会社全体に伝わり新入社員をみんなで育てようという雰囲気になります。

行かせっ放しでは行かせただけになる

中小企業は社内での研修実施が難しく、外部研修会に出席させることが多くなります。それはそれで、他社の人たちとの交流も図れますが、行かせっ放しでは「良い研修会でした」と、ただ行かせただけになります。

難しい社内での研修実施

中小企業は研修担当者がいないことがほとんどなので、社内での体系的な研修実施は難しいと思います。また、中小企業の場合は中途採用がほとんどであり、研修対象となる新入社員が数名では、座学というスタイルも取りにくいからです。そのため、商工会議所や加盟する団体主催の外部研修会に出席させることが多いし現実的です。そのような団体は研修ノウハウを持っており、それなりの効果も期待できます。しかし、社内で教えないぶん、研修への取り組み姿勢や理解度など、会社自身が肌で感じにくいというデメリットがあります。

たまには外部研修会もメリットがある

一般的に中小企業の研修はＯＪＴ（職場内訓練）が中心です。ＯＪＴというのは、社内で上司や先輩が指導役となり、業務に必要な知識や技術について日常業務を行いながら教育する研修のことです。これに対して、職場を離れて外部研修機関などで受ける研修をＯｆｆ‐ＪＴ（職場外研修）といいます。社内では人員も少なく、同じような年齢や立場の人と交流する機会が少ないのですが、外部研修会では他社の人たちとの交流も図れます。ですから、たまにはＯｆｆ－ＪＴである外部研修会への出席もメリットがあります。

「良い研修でした」で終わりやすい

外部研修も行かせっ放しでは「良い研修でした」で終わりやすいものです。行かせっ放しというのは、研修会へ行くよう指示はするものの、研修会後に何のフォローもないことです。もちろん、研修会の翌日に「研修会はどうだった？」「はい、勉強になりました。良い研修でした」くらいの会話はあるでしょう。会社によっては「研修会報告書」なるものを提出させるところもあります。しかし、１週間も経てばほとんど記憶に残っていないこともあります。こうして、ただ行っただけの研修会になってしまうのです。

実践18　新入社員の誕生日を祝い仲間として認める

新入社員を仲間として認めるのに確実なのは誕生日を祝うことです。誰にも年に1回訪れますから公平です。お祝いは言葉だけより金一封、お花など何かカタチがあったほうが良いでしょう。金一封やお花はもちろんですが、会社から気に掛けてもらっていることに感動があるのです。

「誕生日おめでとう」を伝える

お祝いは「誕生日おめでとう」のひと言だけでも良いのですが、そこに金一封なりお花でもあると、思いはより伝わりやすくなります。また、バースデー休暇や、従業員全員がお花を一輪ずつ持ち寄りプレゼントする会社もあります。工夫次第でお祝い効果はグンと高まります。

金一封が無難

誕生日のお祝いとして考えられるのは金一封です。誕生日に「おめでとう」とひと声掛けて手渡します。現金はかさばりませんし、いくらあっても邪魔にはなりません。それに二度感謝されます。頂いたときと、そのお金で何か物を買ったりサービスを受けたときです。もちろん、のし袋に一筆箋でひと言添えると、金一封がさらに引き立ちます。ただし、誕生祝の金一封は税法上の所得に当たりますから注意が必要です。まさか、税金を控除して渡すわけにもいきませんから年末調整などで課税処理します。

お花を贈る

花屋さんにお願いすれば、誕生日に配達してくれます。普通の人が日常的にお花を頂くことは少ないので感動があります。花束も良いのですが、もらった方は花瓶を準備しなくてはならないので、花器つきのアレンジメントフラワーが良いのではないでしょうか。お花が良いのは、新入社員だけでなくその家族の目にも触れることです。そうすると「小さな会社なのに分かっていらっしゃる」ということになります。新入社員としても、自分が会社から大切にされていることを、家族に分かってもらえるので少々労働条件が悪くても勤め続けやすくなります。

お祝いの食事会は慎重に

少々寂しいところですが、お祝いの食事会は慎重に考えたほうが無難です。昭和の時代なら、職場で誕生日のお祝いに食事会もあったかもしれません。しかし、今は平成も終わり令和の時代です。会社は大きな家族のようなものですから、一緒に食事をすることにより人間関係は深まるでしょうが、度を過ぎると逆効果です。良い悪いは別にして今は本当の家族でもそうです。もちろん、忘年会など年に数回の食事会は良いと思います。どうせお金と時間を使うのであれば、金一封やお花をさりげなくのほうが良さそうです。

気に掛けてもらっていることに感動がある

自分の誕生日を覚えてもらっていて、お祝いのひと言があると「まさか」の感動があります。新入社員ばかりではなく、特に社内で光の当たりにくい人はなおさらです。

誕生日は人の存在を認めることそのもの

誕生日は誰にでも年1回訪れますが、人の存在を認めることそのものです。当然ですが、新入社員も入社後1年以内に誕生日を迎えます。もちろん、仕事ぶりとは関係ありませんが、誕生日のお祝いをすることは仲間として認めることにちょうど良いのです。私は3つの誕生日があると考えています。この世に生を受けた日、就職した日、そして結婚した日です。就職と結婚は人それぞれですが、この世に生を受けた誕生日だけは誰にでもあります。ですから、どのような人でも年1回は人として認められるのです。

「まさか」が感動を生む

新入社員も、入社した会社で誕生日のお祝いをしてもらうなど「まさか」ですから、感動を生むのです。「誕生日おめでとう」など、子どもの頃ならまだしも、大きくなるとなかなか耳にしない言葉です。年配の方が、よく「自分の誕生日も忘れる」と言われますが本当にそうでしょうか。多くの人は自分の誕生日や子の誕生日くらいは覚えているはずです。ただ、周りが気づいてくれないだけです。例えばクレジットカードの暗証番号に、自分の生年月日を使う人が多いのはそのためではないでしょうか。

光の当たりにくい従業員こそ気に掛ける

会社にはいろいろな従業員がいます。中には勤続年数は長いもののパッとしない人もいるかもしれません。しかし、そのような光の当たりにくい従業員こそ気に掛けるべきです。よく、組織の人員構成は自然に「2：6：2」になるといわれます。つまり、優秀な人2割、普通の人6割、そうでもない人が2割になるということです。そして、優秀な人ばかりではなく、いろいろな人がいるからこそ組織が安定するということもあります。考えてもみてください。会社ではさほど期待されず、家庭でもないがしろにされていれば立つ瀬がありません。ですから、そのような人にも誕生日にはお祝いをします。そのほうが、周りの従業員も安心し社内のバランスは保たれます。

福利厚生の三原則

誕生日のお祝いは、福利厚生の三原則からみてもおすすめです。福利厚生の三原則とは、従業員全員に公平であること、従業員とその家族のためになること、そして見返りを求めないことの3つです。

従業員全員に公平であること

福利厚生は法律上の義務ではなく恩恵的なものですから、悪気はなくても恣意的になりやすくなります。恣意的とは、その時々の気ままな思いつき、自分の勝手な考え方で行動するというような意味です。ですから、せっかくの福利厚生も、従業員から恣意的と感じ取られると「何であの人に」ということで不信感を生みやすくなります。その点、誕生日のお祝いは、基本的には勤続年数も地位も関係なく、誰にでも年1回訪れますので、ルールさえ決めてしまえば従業員全員に公平です。

従業員とその家族のためになること

福利厚生は従業員とその家族のためになることが原則です。ですから、誕生日に金一封でも差し上げれば、家族水入らずで外食もできます。「金は出すけど口は出さない」が良いのです。また、お花を贈られた場合でも家庭内がパッと明るくなります。差し上げた側が必要以上に関与しないからありがたみが増すのです。福利厚生は会社からの押し売りになってはいけません。押し売りというのは、経営者の好みで押しつける福利厚生です。ご厚意も度を過ぎるとお節介です。

見返りを求めないこと

福利厚生はその場限りで見返りを求めないのが原則です。仮に、誕生日にお祝いをしたからといって、すぐに会社の利益が上がるというものではありません。また、従業員から頼まれて行うわけでもないので、見返りを求めると「せこい会社だこと」と思われます。見返りを求めるような福利厚生ならしないほうがましです。たとえは悪いのですが、ひいきにしている飲み屋のママに手土産を持って行ったとしても、それに見返りを求めたらどうでしょう。せっかくの男気が台なしです。

実践19 入社1年過ぎたら〝追肥〟を施す

植物の生育に応じて、必要な養分を追加で与えることを追肥といいます。新入社員も、1年も経てば、入社当初のやる気も多少薄れるかもしれません。そこで、植物と同じように、今後の成長を願うなら追肥としての昇給を行います。昇給が厳しい会社もあるでしょうが、この時期は投資としての判断も必要です。

追肥としての昇給を見えるカタチで伝える

思うような額が昇給できないときこそ、見えるカタチで行うことが必要です。昇給通知書で昇給額を、そして勤続1年の働きぶりと今後の期待を込めた思いを給料袋に添えて伝えます。情報と感情のやり取りですが、昇給月の1カ月前までに伝えることがポイントです。

昇給通知書で前もって伝える

昇給時は前もって昇給通知書（**文例8**）を交付して伝えます。昇給通知書は、昇給額や昇給時期などを記載した文書です。遅くとも昇給月の1カ月前までに交付します。こうすることで、実際の昇給は1カ月以上先なのに、昇給通知書をもらった時点で昇給されたような感覚になります。また、昇給額を前もって文書で伝えることにより安心感があります。今は社会保険料も高く、少々の昇給では手取りも変わらず、昇給通知書がないと昇給したことすら気づかれないこともあります。昇給通知書の文末にある1カ月平均所定労働時間の記載はちょっとしたポイントです。あえてここまで記載するこ

文例8 昇給通知書

○年○月○日

○○　○○　様

○○株式会社
代表取締役　○○　○○

昇給通知書

あなたの賃金（基本給）を下記のとおり昇給します。

記

1．昇給年月日　○年○月○日（○月○日支給）から
2．昇給額　基 本 給　210,000円（5,000円昇給）
　　　　　通勤手当　　5,000円（変更なし）
　　　　　合　　計　215,000円

※○年の1カ月平均所定労働時間
159時間（19.91日×8時間）

※1カ月平均所定労働時間

$$\frac{\text{（年間暦日数−年間所定休日数）×1日の所定労働時間}}{\text{12カ月}}$$

とにより会社への信頼がグンと高まります。

1年間の働きぶりを認める手紙を添える

昇給時に合わせて、1年間の働きぶりを一通の手紙（**文例9**）で伝えます。昇給通知書は情報、この手紙は感情のやり取りですからコミュニケーションの一環です。勤続1年を過ぎた頃の給料袋に添えて渡します。毎月書くのは大変ですが、1年に一度くらいなら何とかなると思います。書くことが苦手な方は一筆箋でも十分です。新入社員に、「自分のことを認めてもらっている」と感じさせることが大切です。もちろん、毎月の給料袋に、感謝の気持ちとしての手紙を添え続けている場合はそれで構いません。

既存の従業員も昇給時は同じ

昇給を見えるカタチで伝えるのは既存の従業員に対しても同じです。賃金というのは雇用関係における核心部分ですから、勤続年数が長くなってもキチンとしておくべきです。手紙はともかく、昇給時の昇給通知書は交付したほうが良いです。このような関係により、お互いにほど良い緊張感を生み、馴れ合いになることを防げます。労使は鏡ですから、従業員にキチンとしてもらうには、会社もキチンとしておくことが必要です。「親しき仲にも礼儀あり」です。もちろん、親しき仲と思っているのは会社だけかもしれませんが。

文例9 勤続1年にあたり差し出す手紙

いつもありがとうございます。

入社していただいて一年を迎えようとしていますが、だいぶ力をつけてこられましたね。

もちろん、まだまだ一人前とまでは言えませんが、○○さんが先輩社員たちから指示されたことを確実にこなしてくださるので、彼らは自分の仕事に専念することができます。

結果として会社全体で成果を挙げることができています。

たまには、「何で自分がこんなことを」と思うこともあるでしょうが、会社はチーム力で仕事をしていますので、○○さんの仕事も会社にとっては大事なものばかりで、とても助かっています。

何よりも、○○さんが一年間の経験を積まれたことは会社にとっても大きな財産であり、大変嬉しく思っています。

日頃から、何かと厳しいことを申し上げ、つらいこともあるでしょうが、どれも成長の糧になるもので、将来的には必ず役に立ちます。

勤続一年にあたり、日頃の勤務へ感謝するとともに、さらなる成長を期待して私の気持ちとさせていただきます。

ありがとうございます。

○○株式会社
代表取締役 ○○ ○○

○年○月○日

○○ ○○様

入社1年過ぎが追肥のタイミング

入社1年過ぎというのは、大きく成長する時期ですから追肥としての昇給を行うタイミングです。昇給というカタチで1年間の成長ぶりを認めて評価することは、これから先の成長を大きく左右するのです。

この時期の1年は大きい

入社後1年間の成長は大きいものです。新卒を定期採用している会社であれば後輩が入って来ます。中途採用ならすでに後輩が入ってきているかもしれませんが、比べてみれば、何となく頼もしくなっているのではないでしょうか。兄弟姉妹でも下の子が生まれると、やたらとお兄ちゃん、お姉ちゃんらしくなるのと同じです。もちろん、人により個人差はあると思いますが、入社1年を過ぎるということは、昨年経験したことを何となくは覚えていると思います。これが仕事上では大きな力になります。ですから定着させることは重要なのです。

評価は昇給だけではないものの

新入社員を評価する手段は昇給だけではありません。例えば「仕事も覚えてくださり助かります」と褒めるのも良いでしょう。しかし、最も分かりやすく速効性があるのは昇給です。雇用関係というのは、従業員が提供した労務に対して、会社が賃金という対価を払う契約ですから当然といえば当然かもしれません。特に新卒や未経験者の場合は、入社時には右も左も分からなかったはずです。それが1年過ぎますと、曲がりなりにもそこそこの仕事はできるようになります。日々見ているとさほどではないのでしょうが、1年前と比べればその違いは歴然です。ちょうど、小学校に入ったばかりの子と2年生ではまったく違うのと同じです。

ここでの追肥が今後の成長を左右する

物事にはタイミングがありますが、追肥としての昇給は入社して1年過ぎた頃です。この時期の昇給は投資ですから、その後も成長に応じて少なくとも入社3年間くらいまでは定期昇給も必要です。最近は最低賃金（時間額）も年に25円以上は上がっており、月160時間で月給換算しますと4,000円以上です。ですから、そのあたりも考慮する必要があます。植物でも徐々に根が張ってきて、植えつけ時の元肥がなくなりかけた頃、さらなる成長を促すために追肥が必要になりますが、それと同じようなことです。

ところで、2020年はコロナ禍という特殊事情にあり、国は最低賃金引き上げの目安を示さず、事実上、据え置く方針を示していました。しかし、地方の多くの県では、人材のつなぎ留めを意識して1~3円と小幅ながら引き上げが予定されています。

投資としての割り切りも必要

人材の採用は投資みたいなものですから、成長してから昇給するというより、成長させるために昇給が必要です。それを怠れば、退職を申し出た人を引き留めるため仕方なく行うという最悪の昇給になります。

成長すれば評価を求める

人の欲求は成長とともに進化します。入社時は就職できたことに満足していても、それが満たされると次の欲求を目指すようになります。仕事を覚えてくれれば会社に受け入れられたいとか、人と交わりたいとかいう欲求を経て、会社から認められたいという欲求を持ち始めます。その欲求を満たす一つが会社からの評価であり、カタチにしたのが昇給ということになります。「何でそんな欲深いことを」と思われるかもしれませんが、人の本能というのはそのようなものです。

「欲しがりません勝つまでは」は通じにくい

もちろん、お互いの欲求がピタリと一致することはないでしょうが、ミスマッチが大きすぎると新入社員を潰してしまいます。つまり1年間育てたにもかかわらず辞められてしまうということです。「まだ昇給どころの話じゃない」ということもあるかもしれません。昔、戦時中なら「欲しがりません勝つまでは」だったのでしょうが、今どきは「勝つために欲しがります」ではないでしょうか。何しろ3年間は投資ですから、結果として昇給が無駄肥となるかもしれないという覚悟も必要です。

引き留めるための昇給は意味がない

退職を申し出られたから慌てて昇給するという話をたまに聞きます。辞められると困るから仕方ないのかもしれませんが、これは最悪の昇給ですから厳に慎むべきです。同じ昇給をするにしても、何もないときに投資目的で、堂々と行う場合とはまったく違います。まさに「月とすっぽん」です。このような対応をしていると、言わないと何もしてくれない会社というレッテルを貼られます。結局、言ったもん勝ちの社風となり、いつの間にかそのような人ばかり定着してしまう会社になります。

実践20　3年目離職対策は3年前に打っておく

「新卒の3割が3年以内に離職する」といわれていますが、中途採用の場合はそれ以上です。もちろん、3年目にいきなり辞めるわけではなく3年間を積み重ねた数字ですから、3年目離職対策としては1、2年目が重要になります。特に中途採用の場合はそれぞれの抱える事情もあり、個別・迅速な対応が必要です。

退職を切り出される前に手を打つ

入社1、2年で退職する理由としては、目標と責任の重さ、家庭での立場、そして他社の引き抜きなどが考えられます。ポイントは退職を切り出される前に手を打つことです。駆け引きではなく、本気で退職を申し出た人に引き留め策を打ったところで、退職を思い留まる可能性は低いからです。

目標や責任を負わせるのはほどほどにしておく

入社1、2年になりますと目標や責任も徐々に大きくなります。しかし、個人として目標や責任を負わせるのは、ほどほどにしておきます。もちろん、小さな会社で中途採用だと、入社直後から既存の従業員並みに目標や責任を負わされるかもしれません。しかし、これも度を過ぎると会社への帰属意識が薄れて個人プレーに走りやすくなります。また、人によってはそれを重圧と感じて心身を病んだり、辞められてしまうこともあります。ですから、3年目くらいまでは、主に先輩社員の後方支援をさせます。急ぐときこそ「急がば回れ」です。

家庭での立場を優位にさせる

従業員に自社を優先してほしいなら、家庭内で優位に立てる賃金を払う必要があります。中途採用の場合は、既婚者も多いのでなおさらです。一般的に家庭内での力関係は経済力に比例します。平たく言えば、夫婦で収入の高い人が家庭内の主導権を握るのです。普通の家庭は賃金で生活しているわけですから仕方ありません。家庭内のバランスは、良くも悪くも夫婦間の収入差により保たれます。夫婦間の収入が拮抗《きっこう》していると不安定になりがちです。1年、2年と勤務してきたとしても、今後も働き続けるかどうかは、家庭内で優位に立つ人の意向が強いのです。

他社からの引き抜き

引き抜きを防ぐには、引き抜かれる会社より少しでも自社に魅力があることが必要です。賃金だけでなく社内の雰囲気の良さも影響します。本当に優秀な人は、どこに行っても優秀ですから他社からの引き抜きもあります。これが同業者だと、どういうことになるかは言わずとも知れたことです。勤続3年を目前にして引き抜かれたら、自社で働き続けてくれたら稼いでくれたであろう利益と、引き抜いた同業者が自社に代わって獲得する利益、それに、ここまで育成のための投資費用など、その損失は計り知れません。

先輩社員は良くも悪くもお手本

3年目離職対策に特効薬があるわけではありませんが、身近にいる先輩社員は良くも悪くもお手本です。中途採用の場合、年齢はまちまちですが1年、2年後の自分の姿を映し出す存在ですから、ここで辞めるか働き続けるかを判断する場合に重要です。

自分の将来や会社・業界の先行き

ちょうど入社1、2年というのはある程度会社に慣れてくる頃で、気持ちにも余裕が出てくるぶん、自分の将来や会社・業界の先行きが気になりだします。もちろん、そのようなことは、会社の公式アナウンスも重要ですが、身近にいる先輩社員の背中はもっと重要です。最近の若い人はある意味堅実です。それは、イケイケどんどんの昭和も、バブルの平成も知らないぶん、「今」を確実にしておきたいという意識が強いからかもしれません。そして、その先にある自分の将来や会社・業界の先行きを先輩社員に見出そうとしているのです。

先輩社員に明日の自分を見る

先輩社員というのは、新入社員にとって1、2年後の自分です。たとえ会社から立派な青写真を見せられても、日常的に接する先輩社員を見れば明日の自分が見えます。例えば営業車で移動中に聞かされる先輩社員の愚痴です。「うちって残業代ないよ」「最近、ボーナスは年々減っている」などと。聞かされる側も「そんなに嫌な会社ならさっさと辞めれば良いのに」と思うも、取りあえずは相づちを打って無難にその場を乗り切ります。しかし、いつもこのような愚痴を聞かされては、働き続けようという意欲もなくなります。

頻繁に離職する先輩社員

先輩社員が頻繁に離職していたらどうでしょう。「このまま会社にいても大丈夫だろうか?」ということになるのではないでしょうか。1、2年前に入社し、まだまだ新人のつもりでいたら、いつの間にか先輩社員のほとんどがいなくなり「課長抜擢！」という笑い話に近いこともあります。そのような会社では従業員のほとんどが管理職という、いわゆるブラック企業だったりします。こうなりますと、定着がどうのこうのというより、従業員同士がいつどのタイミングで辞めようかという腹の探り合いになります。

30代半ば中途採用者の抱える家庭事情

新入社員とはいえ、中途採用30代半ばくらいになりますと、本人の事情もさることながら家族、とりわけ子の小学校入学も転職のきっかけになりやすくなります。小学校の校区の関係で「この際に」と、転居のために離職を決断するケースが多いからです。

心が揺れる子の小学校入学

30代半ば過ぎといえば、年齢的に会社では貴重な存在です。家庭においても、子が小学校入学を迎える時期です。また、そろそろマイホームのことも気になりだします。小学校には校区がありますので、家をどこに建てるかは大きなポイントになります。家を建てなくてもどこに住むかは重要です。中学校卒業まで考えると9年間は転校を避けたいからです。同じ市町村内であれば通勤は可能ですが、遠隔地だと無理です。先輩社員から見える自分の将来や会社・業界の先行きを考え、このまま働き続けるのか心が揺れます。

家庭内の力関係で決まる

前述しましたように、家庭内での力関係は経済力に比例します。経済力というのは賃金だけではありません。例えば、配偶者の実家が資産家で、「そろそろ家でも建てないか。近くに土地はあるし頭金くらいは出すよ」という話が来たらどうでしょう。仮に共働きの配偶者と賃金額はあまり変わらないとすれば、転職に関して家庭内の決定権をどちらが握るかは言わずとも分かります。配偶者からは、「どうせなら今のうちに」と決断を迫られるのは自然な流れです。その圧倒的に違う力関係を逆転させるのは至難の業です。

働きやすさ、子育てしやすさを前面に出す

配偶者の実家から土地と資金援助では、よほど会社に魅力がないと話になりません。どう考えても会社に分が悪いのです。そこで、考えられるのが働きやすさ、子育てしやすさを前面に出すことです。具体的には、厚生労働省の「くるみん認定」を受けるのも一つの手です。くるみん認定というのは、子育て支援に積極的に取り組む企業に対し厚生労働大臣が認定する制度です。認定基準は、働きやすさ、子育てしやすさを後押しする内容ですから、子を持つ人には安心感があります。

本章のポイント

1. 最初の有給休暇付与日に取得マナーを伝える
2. 研修会後のひと手間で研修効果をグンと高める
3. 新入社員の誕生日を祝い仲間として認める
4. 入社1年過ぎたら〝追肥〟を施す
5. 3年目離職対策は3年前に打っておく

COLUMUN

誕生日の前日に歳をとる

普通に考えれば、歳をとるのは誕生日ではないでしょうか。しかも、生活していくぶんにはそれで何ら支障はないはずです。

しかし、法律上は誕生日の前日に歳をとります。この考え方は、法律が絡むものには共通して適用されます。例えば、小学校の出席番号は同じ年度（4月1日〜3月31日）内で7歳になった順ですから、4月2日生まれの人が一番で、4月1日生まれの人は最後になるのです。

「年齢計算ニ関スル法律」という法律では、年齢ハ出生ノ日ヨリ之ヲ起算スとなっており、誕生日から数えて1年目が誕生日の前日になるからです。この法律は明治35年に施行されていますが、その後「年齢のとなえ方に関する法律」という法律が昭和25年に施行され、同日以降は従来の数え年ではなく、「年齢計算ニ関スル法律」により計算した年齢で言い表わすよう、心がけなくてはならなくなりました。数え年とは、生まれた時を1歳とし、その後は正月を迎えるたびに年齢を1歳重ねるという計算方法です。

これって、ちょっとした話のネタになりませんか。ただし、さりげなく話さないと「何か、理屈っぽい人」と嫌われるかもしれません。

第5章

認めたら自信を持たせる

—勤続3年—

実践21　3年勤続に感謝し働き続ける意欲を動機づける

1年、2年とコツコツ頑張ってきた新入社員も、3年勤続で何とか一人前です。ですから、上司や先輩社員にも配慮した、三方よしの三年勤続感謝状で感謝の気持ちを伝え、さらに働き続ける意欲を動機づけます。多くの仕事は経験が物をいうわけですから、3年定着は大きな節目になります。

三年勤続感謝状で自信をつけさせる

勤続3年にあたり、三年勤続感謝状（**文例10**）を差し出し、これまでの勤務に感謝するとともに、これからの期待などを伝えて自信をつけさせます。また、三年勤続感謝状は、その後5年、7年勤続などの節目でも応用できます。

三年勤続感謝状とは

三年勤続感謝状というのは、勤続3年経った従業員に対して会社から差し出す手紙です。宛先は基本的に従業員本人ですが、場合によってはご両親、配偶者も考えられます。また、この手紙は給料袋に入れるのではなく基本的には郵送します。普段とは違い特別感を出すためです。思い起こせば入社

文例10 三年勤続感謝状

三年間勤続ありがとうございます。

いつも真面目に仕事をしてくださり、大変助かっております。

さて、◯◯さんは、お客様からの評判もよく、すっかり戦力となっていただいていること、大変嬉しく思っております。□□課長が常々、◯◯さんのことを自慢げに話しているのが分かります。

このように立派に成長されたのは、もちろん◯◯さんの努力があってのことですが、□□課長や先輩社員たちが丁寧に指導してくれた賜物でもあり、心より感謝しています。

私は、三年以上定着している従業員比率が会社の業績を左右すると思っていますから、三年勤続者はまさに会社の財産です。

今後は、さらなるスキルアップに取り組んでいただくとともに、新入社員の指導にも力を貸していただければと考えています。

また、何かと無理を強いることも多いかとは思いますが、これまで同様、コツコツと頑張ってくださいますようお願い申し上げ、簡単ですが三年勤続への感謝とさせていただきます。

◯◯株式会社
代表取締役 ◯◯ ◯◯

◯年◯月◯日

◯◯ ◯◯ 様

したとき、ろくすっぽあいさつもできず取引先の社長から「あいつは何だ！」とお叱りを受けたこともあった……と、当時のことが走馬灯のように浮かび、その成長ぶりに思わず目頭も熱くなるというものです。

節目にはお祝い金、お花も

三年勤続感謝状には、プラスアルファとして、できればお祝い金か、お花を添えることもおすすめします。いわゆる永年勤続表彰ですから、当然といえば当然かもしれません。特に、定着の悪い会社にとって、3年勤続はありがたいことですからなおさらです。また、家族のある人へお花を贈る場合は、配偶者もしくは親御さん宛てにします。ご家族の支えがあればこその勤続3年だからです。家族を味方につけるのは、何も採用時だけでありません。このような配慮を、分かってくれる家族からは二度惚れされます。

3年以降にも節目は訪れる

3年以降も勤務し続ければ、その後5年、7年と節目の勤続年数は訪れますが、三年勤続感謝状はその際にも応用できます。もちろん、毎年お祝いしても良いのですが、日本人の感性といいますか習慣からすれば、1年、3年、5年、7年、10年、15年というようなところが馴染むのではないでしょうか。15年以降は5年もしくは10年おきです。勤続年数が短いうちは間隔を短くして、定着を促すための働きかけが必要だということです。定着の悪い会社ほど、この節目の間隔を短くしておくべきかもしれません。

三年勤続感謝状に託す3つの思い

三年勤続感謝状には3つの思いを託します。3年間勤続した従業員に自信を持たせ、その従業員を育ててくれた上司や先輩社員に誇りを持たせ、そして、最近入社した新入社員に安心感を持たせるという3つです。いわゆる三方よしの三年勤続感謝状なのです。

3年勤続したことにより自信を持たせる

3年間勤続してくれたことに感謝の気持ちを伝えます。賃金や福利厚生など、どこから見ても大手に太刀打ちできない状況なのに、3年間辞めずに頑張ってくれたことは実にありがたいことです。3年の間には「どうしようかな」と、思ったことは二度や三度ではないはずです。それを乗り越えたわけですから、本人にとっても大きな自信になります。その自信は、これからも勤め続けるうえで大きな財産です。それを踏まえ、会社として今後期待することを伝えておきます。

裏褒めして上司や先輩社員に誇りを持たせる

3年間育ててくれたのは、上司や先輩社員ですからその労をねぎらいます。もちろん、直接ねぎらうことは当然ですが、上司や先輩社員の指導が良かったから3年間勤続し、立派に育ってくれたという褒め言葉を間接的に伝えます。褒め言葉は、第三者を通じて耳に入ると、直接聞くより何倍も嬉しいものです。そして、上司や先輩社員は、あらためて「人を育てた」という達成感を持ちます。人は自分自身のことより、他人の役に立つことに喜びを感じるものですし、それが誇りとなります。

後輩の新入社員へ安心感を持たせる

3年勤続となれば、すでに後輩の新入社員もいるかもしれません。その新入社員にしてみれば、自分に近い3年勤続者に対する会社の対応は、我が事のように気になるものです。「この会社、待遇はあまり良くないけれど、コツコツ真面目に働いていれば……」と、会社が説明しなくても、このような雰囲気は感じ取ってもらえます。従業員というのは、会社の一挙手一投足に敏感だからです。自分に直接関係ないようなことでも、「明日は我が身」です。労務は順繰りですから、このような心遣いにより最近入社した人の定着も自然に良くなるのです。

さらに働き続ける意欲を動機づける

3年間勤続させることは重要なことですが、それはあくまで通過点です。重要なのは、3年間で一人前にした人材を、会社の戦力として、さらに働き続ける意欲を動機づけることが大きな課題となります。ここで辞められては元も子もありません。

三日三月三年を越え、これからが戦力化への本番

勤続3年を越え、これからが本当に重要となります。定着の鬼門ともいえる三日三月三年を越えたわけですが、それは目的ではなく通過点だからです。3年未満で辞められるのは痛手ですが、3年以上の場合はその比ではありません。多くの仕事は勤続年数、つまり時間が肥やしですから、戦力化しつつある人材に辞められるのは、3年間という貴重な時間を一瞬にして失うようなものだからです。それを防ぐためには、さらに働き続ける意欲を動機づけることが、今まで以上に必要となります。

会社の実情が見えてくるからこそ

勤続3年過ぎて仕事も一人前にできるようになれば、より会社の実情が見えてきます。会社の実態や社長の性格、会社の掟《おきて》、従業員間の相関関係、先輩社員への処遇、この先の見込み、など教えなくても肌で感じるのです。また、定着の悪い会社に限って、高齢者やパートさんなど社内で立場の弱い人をないがしろにしておきながら、会社にとって都合の良い人にはチヤホヤしています。しかし、それは大きな間違いであり、やがて信頼を失くし定着してほしい従業員から見切られてしまいます。

テクニックありきだと見切られる

労務において、テクニックありきでは通用せず、まっとうな従業員からは見切られます。テクニックありきというのは、心のこもらない小手先の策を講じることですが、今は世の中に、そういう類のことがあふれています。労務が難しいのは、対象が感情のある人ですから、何をしたかではなく、誰がしたかで結果が変わることです。営業の仕事でも同じことですが、相手がどう感じるかを感じ取る感性が必要です。数字を入力すれば相応の結果が出る経理や会計業務と根本的に違うのです。もちろん、経理や会計業務も経営において重要な業務であることは言うまでもありません。

実践22　資格・検定の取得奨励でスキルアップさせる

通常の仕事がひととおりできるようになりますと、人から認められたい欲求がさらに強くなります。それを満たしてやるために、技術や能力を向上させるスキルアップの道筋を示すことも必要です。その際に活用できるのが、誰にも公平に挑戦の機会があり、公平な評価につながる資格・検定の取得奨励です。

スキルアップの道筋を示す

スキルアップの道筋を示すには、資格・検定制度を活用することが有効であり、会社として奨励する資格・検定をリストアップし、社内に周知します。

資格・検定制度をスキルアップに活用する

世の中には多くの資格・検定制度がありますから、これをスキルアップの道筋として活用します。あらゆる業種・職種を網羅していますし、それぞれ等級がありますから、業務の習熟度に合わせて選択できます。また、一般的に資格・検定試験は厳正に行われますから、結果が客観的です。つまり、合格した人は合格したレベルにあったし、できなかった人は、そのレベルになかったということです。

結果がハッキリしていますので、誰からも文句を言われにくいところが良いのです。もちろん、運も実力のうちです。

奨励する資格・検定をリストアップする

会社の業務に関連の高いものを、奨励する資格・検定としてリストアップします。例えば横軸に営業、生産、事務などの職種、縦軸を一般職、主任職、管理職などの役割レベルとする表を作り、それぞれの枠に奨励する資格・検定を記入します。どのような資格・検定があるのかを調べるには、中央職業能力開発協会のホームページが便利です。同協会は、ビジネスキャリア検定や各種技能検定を実施しています。その他、商工会議所や業界団体等が実施しているものもあります。こうしてリストアップしてみると、すぐに10や20になります。もちろん、資格・検定の中には、他社ではほとんど通用しないものもあるかもしれませんが、転職支援のために行うわけではないので、これで良いのです。

奨励する資格・検定を社内に周知する

会社として奨励する資格・検定をリストアップしたら従業員へ周知します。特に会社として、ぜひ取得してほしいものには、二重丸をつけるなどして優先順位を明確にします。これが目標であり、具体的なので取り組みやすくなります。例えば、年初の社長あいさつで、今年の重点取得目標資格・検定を発表し、社内に貼り出すのも良いかもしれません。「やる気を出して頑張ろう！」という精神論的な訓示も大切ですが、具体的な目標を提示したほうが従業員は行動しやすくなります。

資格・検定の取得を公平な評価に活かす

中小企業には年功序列が馴染みますが、胡坐《あぐら》をかかれては困ります。それを是正するには評価制度も必要です。しかし、社内の評価制度だけでは恣《し》意的になりやすくなりますから、誰にでも公平に挑戦の機会がある資格・検定の取得奨励が良いのです。

中小企業には年功序列制が馴染む

年功序列制には、将来への安心感から従業員同士の連帯感や、結束が生まれやすいという利点もあり、チームで仕事をする中小企業には馴染みます。特に、定着がイマイチの会社は、年功序列制で安心感を持たせるべきです。たとえ、見栄を張って成果主義とやらにしたところで、結局のところ年齢と勤続年数による処遇になります。もちろん、年功序列制が行き過ぎて、馴れ合い組織になりますと、適切に競い合うという雰囲気まで希薄になります。仲良しは良いのですが、馴れ合いは困ります。

会社独自の評価制度は恣意的になりやすい

人が人を評価するというのは難しく、特に会社独自の評価制度はどうしても恣意的になりやすいものです。そのような評価制度では、社内の納得感が得られないばかりか不信感が蔓延します。数字で客観的に示せる職種であっても、それぞれの置かれた立場や環境が違いますから必ずしも公平ではありません。結局、声の大きい人（自己主張の強い人）や、要領の良い人の評価が高まりやすくなります。また、直近の評価をもって、評価期間全体の評価になりやすい傾向もあります。

資格・検定取得は誰にでも公平に挑戦の機会がある

資格・検定取得の奨励が良いのは、誰にでも公平に挑戦の機会があることです。挑戦するかどうかは本人次第です。つまり、入口も出口である結果も公平なのです。社内の評価制度では、これだけ公平に行うことは難しいのではないでしょうか。ですから、資格・検定取得により処遇し、年功序列制の弊害を是正することは、従業員のやる気を醸成する観点からも有効です。また、資格・検定取得の奨励は会社方針にしますから、結果はもちろん、挑戦の有無も勤務姿勢の評価につなげることができます。ただし、従業員によっては家庭の事情など、資格・検定取得への挑戦機会に制約を受ける人もいるかもしれませんから、そのあたりの配慮は必要です。

資格・検定取得を奨励するメリット

会社が従業員へ資格・検定の取得を奨励するメリットは3つです。従業員自身が自信を持つこと、顧客等からの信頼が高まること、そして会社の生産性が向上することです。

自分自身が自信を持つこと

一番のメリットは、資格・検定取得で従業員自身が自信を持つことです。資格・検定の学習を通じて習得した知識や技能はもちろんですが、苦労して一つのことを成し遂げたという自信が内面からあふれ、業務にもプラスに働きます。そして、自信が持てるとさらに上を目指そうとします。例えば資格・検定の合格証書を社内に掲示すれば、黙っていても他人から評価してもらえます。特に、現場系の職種では所定の資格・検定があることにより、現場での立場も優位になります。

顧客等からの信頼が高まる

資格・検定の取得は、年齢や性別関係なしに顧客等からの信頼が高まります。特に顧客等が、従業員の取得した資格・検定の価値を理解している場合はなおさらです。日本では、特に公的な資格・検定は重視されます。私事で恐縮ですが、私の事務所に勤務する職員二人が、苦労して社会保険労務士の資格を取得したのですが、顧問先様からの評価が大きく変わったことを覚えています。そのような評価を受けることにより、その二人がさらに自信をつけたことは言うまでもありません。

生産性が向上する

資格・検定取得のための学習では、最も安全かつ効率的な基本手順を体系的に習得します。そのため、従業員に資格・検定取得者が増えれば、信用力とともに業務の質や効率も向上し、同業他社と差別化が図られます。特に、小さなマンパワーの会社ではそれが顕著です。そうなりますと、顧客に対しても堂々とした価格交渉などができるようになります。結果として、従業員に対しても世間並み以上の処遇ができますので、さらにやる気を出します。こうして正の連鎖により生産性が向上します。

実践23 従業員の努力に見えるカタチで報いる

従業員の成長を促すには、「やればやっただけのことはある」と感じてもらえる仕組みが必要です。それがあるから、みんなが成長したがるようになります。前述しました資格・検定の取得奨励についても、その努力に見えるカタチで報いるから、さらに成長しようとするのです。

努力に3つの報酬で報いる

資格・検定を取得した従業員に報いるには、3つの報酬が考えられます。手当などで報いる金銭的な報酬、役職登用の条件とする仕事の報酬、そして、努力を手紙でねぎらう心の報酬です。

金銭的な報酬

資格・検定取得後に合格祝い金や、毎月の賃金に資格手当を加算して支給することが考えられます。とにかく収入が増えますので資格・検定を取得した努力が、キチンと報われていることが実感できます。一時金にするか手当で毎月支給するか、金額をいくらにするかは、取得した資格・検定により会社にとっての重要度で決めます。資格・検定取得に要した費用の援助も考えられます。さらには、資格・検定取得に向けた学習時間を確保させるために、特別有給休暇を与えることも受験者にはありがたいことです。

仕事の報酬

資格・検定の取得を、役職登用などの要件として従業員を成長させます。仕事の報酬は仕事で返るともいわれ、良い仕事をすれば、また良い仕事が入り結果として職業人としての成長につながるということです。例えば、主任になるには、この資格・検定の取得が必要というように決めておきます。こうすることにより、中小企業でありがちな「何となく役職者」になりません。何となく役職者というのは何の登用基準もなく、適当に役職をつけられることです。つまり、役職の安売りですから社内の士気は上がりません。

心の報酬

資格・検定の取得に対して、お祝いの言葉を手紙にして伝えます（**文例11**）。思いを伝えるのに決まったカタチはありませんが、資格・検定の取得直後の給料袋、もしくは合格祝い金に添えて渡します。内容としては、従業員の努力をねぎらい、その向上心を称え、ご協力いただいた家族への配慮です。人は他人から認められると嬉しいものであり、それが経営者からだったりすればなおさらです。仮に、簡単だと言われている資格・検定でも、それなりに努力したわけですから、「よくやったね！」をカタチにして伝えます。

文例11 資格・検定取得お祝い状

いつもありがとうございます。

さて、このたびは宅地建物取引士試験合格おめでとうございます。

ベテラン社員でも難しいのに、三年足らずでの合格は見事です。

思い起こせば三年前、採用条件を資格保有者としていたため、応募をお断りしたにもかかわらず、「三年以内には必ず取得しますから、ぜひ面接だけでも」と、直接来社された○○さんの真剣な眼差しは今でも忘れません。

女性がひとりで子育てしながら生きていく迫力を感じました。その力が、未経験でありながら三年足らずでの合格につながったと思います。

親がそのように努力されている姿は、お子さんにとって、これ以上のお手本はありません。子は親の背中を見て育つといいますが、間違いなくいい影響を及ぼします。

人はともすれば日常に流されてしまいがちですが、○○さんのように、資格試験に挑戦されるなど、向上心を持たれていることは大変素晴らしいことであり、私の誇りです。もちろん、他の従業員にも良い刺激になります。

これからも、今まで同様どうぞよろしくお願いします。

ここに、日頃の勤務に感謝するとともに、宅地建物取引士合格のお祝いとさせていただきます。

○年○月○日

○○株式会社
代表取締役 ○○ ○○

○○ ○○様

ルールによって報いる

従業員の努力に報いる場合は、ルールによることが重要です。特に、従業員の処遇に直結する、金銭的な報酬と仕事の報酬はなおさらです。何をしたらどうなるかをルール化することで処遇に公平感ができます。例えば次のような規程です。

資格・検定取得奨励支援規程

資格・検定取得に関する前後のことについて規定します。取得前については、対象者、受験料はどうするのか、仮に、会社がいくらかでも補助するのなら補助額や補助回数、受験に要する交通費はどうするのか、試験日当日は勤務扱いにするのかというようなことです。また、自己啓発で個人負担の場合は、費用貸付制度も考えられます。取得後については、資格・検定ごとのお祝い金や手当の額などです。さらに、取得した資格・検定を会社業務で使用する場合は、その取り扱いも具体的に規定しておきます。

役職者登用規程

役職登用する場合に必要な要件、手続き、役職手当額などを規定します。こうしておけば、「何であの人が係長なの?」ということになりにくくなりますし、役職にも重みが出ます。例えば、係長登用において事務系であればビジネスキャリア検定2級、電気技術系であれば1級電気工事施工管理技士、土木技術系であれば2級土木施工管理技士というように規定しておきます。そして、これらの要件を満たす従業員の中から役職登用します。既存の従業員に対しても、具体的な要件を示すことで役職登用基準が明確にできます。

特別退職金規程

商工会議所等が行っている特定退職金共済制度を活用し、通常の退職金とは別に、資格・検定取得を退職金の上乗せにより報います。特定退職金共済制度は掛け金が1,000円から30,000円まで1,000円刻みで設定できます。例えば、基本掛け金1,000円で全員加入させたうえで、資格・検定取得ごとに特別掛け金として増額していきます。特別掛け金は1つの資格・検定ごとに、例えば1カ月1,000円です（**規程例1**）。特にパートさんの場合は資格取得しても、収入制限から思うように手当を付けられないのでおすすめです。掛け金は全額経費処理できますから、会社としては毎月手当として支給するのと同じです。これにより、在職中の努力が特別退職金に反映されます。

みんなが成長したがる社風ができる

従業員の努力を見えるカタチで報いる仕組みにより、みんなが成長したがる社風ができます。年功序列制に胡坐をかくのではなく、新しいことへの挑戦姿勢に価値があるのです。いま注目されている「同一労働同一賃金」への対応にも有効です。

規程例1　特別退職金規程

特別退職金規程

（目　的）

第１条　この規程は、従業員の資格・検定等（以下、資格という）の取得促進と取得者の労に報いる特別退職金について定める。

（対象者）

第２条　この規程の対象者は、正社員、パートタイマー等すべての従業員とする。

（退職金共済契約）

第３条　会社は特定退職金共済団体と退職金共済契約を結び、全従業員を加入させる。

（加入時期）

第４条　新たに採用した従業員は、試用期間満了直後の１日付けで加入させる。

（掛け金月額）

第５条　基本掛け金は1,000円とする。

2　前項に加えて、別表に定める資格を取得した場合は、合格証書交付後、会社へ届け出た直後の１日付けで特別掛け金として1,000円を増額する。ただし、29,000円を上限とする。

（特別退職金額）

第６条　本規程による特別退職金額は、会社が契約している特定退職金共済団体から支給される額とする。

（取得済み資格の取り扱い）

第７条　新たに採用された者及び本規程施行前に、既に別表の資格を取得済みの場合は適用しない。

別　表　特別掛け金対象資格

資格名称
○○○○資格
○○○○検定2級

付　則

1．本規程は　　年　月　日より施行する。

資格・検定の取得がすべてではないが

資格・検定の取得による評価がすべてではありません。しかし、勤続3年くらいまでは、まだまだ基礎を固める時期ですから、仕事上の基本的な知識や手順を習得する資格・検定というのは、この時期にピッタリなのです。それに何より、資格・検定を基準とした評価制度は、中小企業の身の丈に合います。世の中に出回っている評価制度の指南書や、それをビジネスにしているコンサルタントの多くは、大企業や中堅企業規模の制度を前提としていますから、中小企業が導入してもほとんど機能しないのです。

やればやっただけのことはある

苦労はしても、それに見合う処遇があるから報われるのです。「やればやっただけのことはある」が良いのです。働きがいとも言えます。このようなことがあるから、みんなが成長したがる社風になります。労務にはメリハリが必要です。もちろん、行き過ぎはいけませんが、ほどほどの競争はさせるべきです。会社が掲げた目標に取り組む人と、取り組まない人は区別して処遇します。社内で差別はすべきではありませんが区別は必要です。新しいことへの挑戦姿勢に大きな価値があるのです。

「同一労働同一賃金」対応としても有効

「同一労働同一賃金」というのは、正社員とパートなど、非正規社員との不合理な待遇差を設けることを禁止するルールです。2020年（中小企業は2021年）4月から適用になりました。法律が変わると、関係のある人は敏感になるものです。仮に、非正規社員から正社員との待遇差の内容や理由など、自分の待遇について会社に説明を求められた場合には、説明をしなければなりません。その説明の際に、ルールに則って支給している手当であれば、納得してもらいやすくなります。

実践24　新入社員の教育係を通して自信を持たせる

「石の上にも三年」とはよくいったもので、勤続3年ともなればとりあえずは一人前です。欲を言えば、人に教えることができてこそ一人前です。そこで、新入社員の教育係を任せてはどうでしょうか。教わる立場から教える立場に変わることにより自信を持たせ、さらなる成長を促します。

新入社員の教育係を任せる

自分がかつてそうだったように、後輩である新入社員の教育係を任せます。そして、その役割をより意識させるために、教育係手当を支給したり、期間の途中で教育の成果を認めて感謝することも有効です。

教わる立場から教える立場へ

中小企業の多くは、教育の専門部署などありません。ですから、教育係は取りあえず同じ部署にいる従業員に白羽の矢が立つのです。ちょうど3年前は、教わる立場でしたが逆転して教える立場になります。もちろん、教育係などと仰々しく辞令を頂戴するようなこともなく、何となく後輩の面倒を見るようになっただけかもしれません。しかし、3年前に自分が困ったことや失敗したことの経験はありますから、そのあたりを活かした指導・教育ができるので、新入社員の教育係には適任です。

教育係手当を支給することも一つの手

新入社員の教育係に、白羽の矢が立った従業員も自分の仕事を持っています。その仕事をこなしながら、新入社員の面倒を見るわけですから何らかの配慮も必要です。例えば、3カ月くらいの期間限定で、教育係手当を支給することも一つの手です。金額的には3,000円から5,000円程度でも良いかと思います。こうしておけば、後輩の新入社員へ先輩らしく、たまには缶コーヒーの1本でもおごってやれます。なお、教育係手当を支給する場合は、手当額、支給期間を明記した賃金辞令などを交付しておきます。支給を終わりやすくするためです。

あらかじめ「頼むよ」を伝える

新入社員の教育係を任せる場合に重要なことは、あらかじめ「頼むよ」を伝えることです。任されて1カ月くらい経てば、新入社員の成長ぶりも分かりますので、その教育成果を認め、労をねぎらう手紙（**文例12**）を給料袋に添えます。教育係手当との相乗効果で、教育係を任された従業員の使命感

文例12　新入社員の教育係へ差し出す手紙

いつもありがとうございます。

さて、このたびは、新入社員・□□君の教育係を引き受けてくださりありがとうございます。当社は少人数なので、通常の業務をこなしながらになり大変かとは思いますが、よろしくお願いいいたします。

□□君は中途採用ですが、異業種からの転職なので業務は未経験です。最初のうちは、まどろっこしいところもあると思いますが、○○さんもそうであったように、未経験者でも立派に育ってくれると確信しています。

○○さんも勤続三年となり、知識や技能は申し分なく、日を追うごとに成長を感じます。もちろん、ここに至るまでには相当努力されていたことは誰もが認めるところです。

人材育成は順繰りですから、今度は□□君を○○さんのように育てていただければ、これ以上の喜びはありません。○○さんが育ててくだされば安心です。

何かとご負担を掛けるとは思いますが、どうぞよろしくお願い申し上げます。

○年○月○日

○○株式会社
代表取締役　○○　○○

○○　○○様

はグンと高まります。なお、教育係をお願いする期間は試用期間中である3カ月を想定しています。もちろん、その後も面倒を見てもらうのですが、区切りはあったほうが良いからです。

新入社員に教えることで自信を持ち成長する

教育係を任せることとは、新入社員を育てることだけが目的ではありません。任された従業員自身も成長します。人に教えることができて一人前といいますが、今後の成長にとって大きな糧となります。

新入社員に教えることができて一人前

「仕事が一人でできて半人前、人に教えることができて一人前」といわれます。勤続3年くらいになりますと、自分一人でだいたいのことはできるようになりますが、実はそれだけでは半人前です。考えてみますと、自分は分かっているのに、人に説明できないことは結構多いものです。仮に説明はできたとしても、新入社員が理解し納得したかとなるとさらに難しくなります。これは知識だけの問題ではなく、少なくとも物事の本質を理解しておくことが必要だからです。ですから人に教えることができて一人前なのです。

新入社員に教えることで自らも成長する

新入社員に教えるには、自分自身が理解できていることは当然です。そして、教えるためには知識だけでなく、話し方や話の聴き方も重要になります。また、新入社員の理解度を確認しながら承認することも必要でしょう。そのためには、新入社員とのコミュニケーションも欠かせません。このように考えると、新入社員の教育係というのは、新入社員を育てるというよりも、勤続3年くらいの従業員をさらに成長させるための教育ともいえます。新入社員に教えることで自らも成長するのです。

自ずと「らしさ」が芽生える

新入社員の教育係を任せると、何となく頼もしくなり「らしさ」が芽生えます。前述したように、兄弟姉妹で下の子ができると、上の子が急にお兄ちゃん、お姉ちゃんらしくなるのと同じようなことです。もちろん、最初のうちは少々危なっかしいところもあるかもしれませんが、徐々に頼もしくなります。会社から、あらかじめ「頼むよ」と伝えられたり、新入社員が慕ってくれればなおさらです。多くの人は、会社や後輩から頼りにされて悪い気はしないものです。

順繰りで人を育てる社風が醸成される

会社として何がありがたいかといえば、新入社員に仕事を教えて、育ててくれる教育係の存在です。人を育てるというのは順繰りですから、先輩社員から後輩社員へ、脈々と受け継がれ、次第に人を育てる社風が醸成されていきます。

教育係はありがたい存在

新入社員の教育というのは重要なのですが、そのぶん大変手間のかかるものです。新卒や未経験者の場合は一からなのでなおさらです。中途採用の場合は、中途半端な経験をしている場合もあり、また年齢が教育係より上だったりしますので、それはそれで気を使います。ですから、そのような教育係を担ってくれる従業員というのは、実にありがたい存在です。期間限定であっても手当を支給したり、あらかじめ、感謝の気持ちを込めて「頼むよ」を伝えたりするのはそのためです。

教育係は四つの幸せを感じられる

新入社員の教育係という役割は、人としての幸せを感じることができます。会社や新入社員からも当然感謝されます。経営学者で人を大切にする経営学会会長の坂本光司先生は、人の幸せは四つあり、一つは人にほめられること、二つは人に必要とされること、三つは人の役に立つこと、四つは人に愛されることであり、働くことをおいて得ることは不可能であると言われています。新入社員の教育係も働くことの一つですが、これら四つの幸せをすべて含むのです。

教育は引き継がれ社風となる

定着の良い会社の強みは、教育によって会社の歴史が受け継がれていることです。それは社風という言い方もできるかもしれません。ですから、先輩社員が後輩社員を教えるという、順繰りで人を育てる仕組みはとても重要です。極端な話、数字や文字に書かれたものは定着が悪くても記録として残りますが、10年前の会社の雰囲気などはその場にいた人しか分かりません。現在、定着の悪い会社であっても、どこかで悪循環を断ち切り、会社の歴史が受け継がれるようにしたいものです。

実践25　俯瞰力を鍛えて次のステージへ進んでもらう

俯瞰《ふかん》力というのは、物事全体を高い視点から広く見渡す力のことです。勤続3年を過ぎた頃から、将来の中堅社員を育てるうえで、俯瞰力を鍛えて次のステージへ進んでもらいます。具体的には、会社周年事業の企画・実行メンバーに参画させて自信をつけさせます。

周年事業で俯瞰力を鍛える

ある程度の会社になりますと、創業から何年かの節目ごとに周年事業を行います。周年事業は全社的なプロジェクトであり、そのメンバーに参画させることで、一般従業員が日常業務だけでは経験し得ない業務や、会社の歴史を知ることもできて、仮に下働きでも俯瞰力を鍛えるのには最適です。

周年事業とは

周年事業とは、会社が創設から何年かおきの節目に行うイベントです。通常は1、2年前から準備に取り掛かります。例えば、5年や10年ごとに記念式典、記念誌発行などさまざまなことが考えられます。会社によっては大きなプロジェクトでもあります。経験した人は分かると思いますが、一つのイベントを実行するには、実に多くの業務や人との関わりが必要です。これらの企画・実行メンバーに参画させるのです。会社の歴史調査、各部門との調整、実行委員会組織運営、予算編成・管理、などに関わってもらいます。

俯瞰力が鍛えられる

周年事業の業務は、将来の中堅社員として必要とされる俯瞰力を鍛えるのに最適です。周年事業などのイベントを企画・実行するには、「誰に、何を、どのように」というコンセプト形成能力や、OBなども含めた関係者との調整など、コミュニケーション力も求められます。こうした周年事業で培う能力は、3年定着後に、会社の中堅を担う立場になれば必須となりますから貴重な経験になります。今は中小企業でも業務の専門化・分業化が進んでおり、視野が狭く、コミュニケーションの苦手な人が多いからです。

会社の歴史を知ることができる

周年事業に関わると、当然ながら会社の歴史を知ることができます。会社の業歴が長くなると、創業当時のことを知る人が少なくなります。仮に、知っている人がいたとしても、何もないときに昔の話をすると「また昔話か、自慢話か」となりやすいものです。しかし、昔があるから今があり、今があるから未来があるわけで、歴史を知ることはとても重要です。ですから、周年事業を通じて歴史を引き継いでいくのです。歴史を知ることにより、今後の業務に厚みが出てきます。

周年事業を任せる場合に押さえておくべきポイント

せっかく、俯瞰力を鍛えるために任せた周年事業も、やり方を間違えるとかえってやる気を喪失させたりします。ですから、会社方針を明確に示し、事業に関して一定の権限を与え、終了後のフォローは最低限度押さえておくべきです。

最初に会社の基本方針を明確に示す

勤続3年くらいの従業員をメンバーに参画させるにしても、基本方針はトップが明確に示しておくべきです。何のために周年事業をやるのかという目的ですが、これを曖昧なまま任せても、結果は的外れなものになってしまったり、単なるお祭り騒ぎで終わってしまうからです。そのほかにも、全体の予算規模、実施時期など大枠は会社で決めておかないと、任されたメンバーとしても何をどうすれば良いのか分からず、下手をすると、それが重荷になって潰してしまう可能性があります。

一定の権限を与える

周年事業のプロジェクトチームには一定の権限を与えることも必要です。そうすることにより、メンバーとして参画した従業員もやりがいがあります。「あなたたちの好きなようにやってください」

と言っておきながら、あとになって何だかんだと注文をつけたり、小さなことまでいちいち決裁を求めるようなことはよくある話です。こうなると、責任者がやる気をなくし、メンバーとして参画した従業員にもそれが伝わります。もちろん、何か困ったことがあったり、突発的なことが発生したら相談してもらうことは必要です。基本的には「金は出すが口は出さない」です。

終了後のフォローを忘れない

周年事業も、従業員を育てるという観点からいえば終了後のフォローは重要です。このようなことは、また次回、同じようなイベントを行う場合の参考になります。イベントというのは、計画段階はそこそこに盛り上がるものの、終了後は意外にやりっ放しになることが多いものです。しかし、良かったことも悪かったことも含めて具体的な検証は必要です。そのうえで、周年事業を担ってくれた従業員へキチンと感謝の気持ちを伝えておきます。「30周年記念事業、お疲れ様でした。いろいろ苦労しただろうけど、とても良かったよ。OBの◯◯さんも感心していたよ」。こうした感謝があれば苦労した従業員も報われます。

周年事業の経験を糧にして次のステージへ

周年事業を経験した従業員は、ひと回り大きくなっているはずです。周年事業を経験させられなくても、忘年会の幹事など、物事を円滑に進めるための「根回し・本番・後回し」は経験できます。そして、3年定着したら新たなステージへ進んでもらいます。

守備範囲が「線」から「面」に広がる

周年事業により俯瞰力が鍛えられた従業員の、仕事に対する守備範囲は徐々に広がります。入社1年目くらいは、一つひとつの仕事を「点」としてこなすのが精一杯です。それが2年目くらいになると、経験を積みますから、仕事と仕事の前後がつながり「線」になります。そして、周年事業の経験により、より広範な状況がつかめるようになり「面」になります。こうなりますと、仕事の応用や工夫ができて仕事の幅が広がりますので面白みも出てきます。これで本格的に一人前、戦力となります。

周年事業がない場合

周年事業は開催のタイミングもあり、また、そもそも行っていない会社もあります。ですから、経験させたくてもできない会社も多いと思います。そのような場合は、忘年会や新年会、新入社員歓迎会、送別会などを任せることも考えられます。要は、自ら計画、実行、検証する経験が重要なのです。特に、関係者との日程調整や依頼、その後のお礼の仕方を学ばせます。有給休暇取得マナーのところで述べましたが、物事を円滑に進めるには「根回し・本番・後回し」が必要なのです。

3年定着はゴールではなく通過点

3年定着してもらえば取りあえず採用は成功ですが、それは新たなスタートでもあります。ここまで順調に育ってきますと、また新たな課題が出てきます。本書では人の欲求レベルに応じて必要な定着の実践策を取り上げてきました。3年くらいまでは、会社から認められたいとか、自信を持ちたいという欲求を満たしてやれれば良いのですが、それを満たされた人には次のステージが必要です。価値ある役職登用、責任と処遇のバランスを保つことなどへの取り組みが求められます。

本章のポイント

1. 3年勤続に感謝し働き続ける意欲を動機付ける
2. 資格・検定の取得奨励でスキルアップさせる
3. 従業員の努力に見えるカタチで報いる
4. 新入社員の教育係を通して自信を持たせる
5. 俯瞰力を鍛えて次のステージへ進んでもらう

COLUMUN

3は収まりが良い

世の中には「3」に関係するものが多くあります。「3」は安定感があり収まりが良いのです。建物などの構造物も三角形を組み合わせた構造となっています。この本も新入社員の3年定着をテーマにした本です。読まれてお気付きの方もおられると思いますが、25の実践それぞれが3つの項目に分けられ、さらにそれが3つに分けた構成になっています。何かを説明したりするときに、3つに分けて話しますと、偏りなくとてもバランスがよくなります。みなさんの周りにも「3」がいっぱいあるのではないでしょうか。例えば次のようなものです。

・じゃんけんは「グー、チョキ、パー」
・人が辞めたくなる周期は「三日三月三年」
・アニメのドラえもんに登場するのは「のび太、ジャイアン、スネ夫」
・食事は「朝食、昼食、夕食」もしくは「外食、中食、内食」
・日本人に馴染む「イエス、ノー、どちらでもない」
・交通機関は「陸、海、空」
・三段跳びは「ホップ、ステップ、ジャンプ」
・色の三原色は「赤、緑、青」
・栄養の三大要素は「タンパク質、糖質、脂質」
・教育の三本柱は「知育、徳育、体育」
・3密は「密閉、密集、密接」、密会は入っていませんが、できれば避けたほうが無難かもしれません。

おわりに

最後までお読みいただきありがとうございます。

私が日頃から接する中小企業経営者の「もう誰も潰さない、辞めさせせない！」という、強い願いを実現するために執筆しました。労務に苦手な中小企業でもスグに実践できる、低コストかつ効果的な人材定着のポイントをご紹介したつもりです。もちろん、私自身も経営者の端くれとして人を雇用しておりますので、人材定着は他人ごとではありません。

実は私の事務所でも定着の悪い時期がありました。その当時は「何でだ」と問題はすべて外部にあると考え、イライラすることも多く、採用してもまた辞められるのではないかと不安感でいっぱいでした。しかし、労務におけるほとんどの問題は外部ではなく、内部、とりわけ経営者である自分自身にあると認識してからは定着が一気に良くなりました。今思えば、定着が悪かった当時は本書で紹介した定着策の真逆を行っていたようです。

労務は「誰がしたか」で結果が変わりやすいと言いましたが、紹介した25の実践は、どちらかといえば誰がしても同じような効果が期待できるものを取り上げました。騙されたと思って、一つひとつ愚直に実践していただければと思います。

本書で取り上げました定着策は、どれも私の事務所や顧問先様企業で実践し、それなりの効果を上げていることばかりであり、まさに現場の知恵がギュッとつまった実践策です。

また、私は本書も含めて出版の際には、原稿チェックを事務所スタッフに頼みます。誤字・脱字はもちろんですが、内容が経営者側の独りよがりになっていないか、働く人にとって違和感がないかということを確認してもらうためです。

さて、時代は昭和から平成になり、そしてその平成も終わり令和となりました。この間、経営環境や法律はめまぐるしく変わりましたが、働く人の気持ちというのはさほど変わっていないような気がします。つまり、自分がされて嬉しいことは相手だって嬉しいでしょうし、されて嫌なことは相手だって嫌なのです。ほとんどの人は、そう突拍子もないことは考えていません。

定着においても、まず安心して働きたい、という欲求が満たされてこそ次の段階へ進むことができますし、そのような手順を踏まずに、急いで会社都合だけを押し付けたところで、定着してくれるはずがありません。

急ぐときこそ「急がば回れ」が必要なのです。

もちろん、中には「こんなことは理想、うちみたいな小さな会社じゃ無理」という方もいらっしゃると思います。しかし、例えば従業員3人の会社は1人辞めたら2人に、3人辞めたら誰もいなくなります。つまり、小さな会社ほど定着を良くしておかないと経営自体が成り立たなくなることもあるのです。

ところで、いま、世界中が新型コロナウイルス感染拡大の渦中にあり、私たちの生活は、つい半年前と比べても大きく変わりました。「3密」を避ける目的から、今までは良しとされていた仕事のやり方や、コミュニケーション手法をことごとく避けなくてはならなくなったのです。

コロナ後の新しい生活様式の中で、テレワークや分散出勤などが推進され、対面でのコミュニケーションの機会が少なくなることが予想されます。こうしたコミュニケーション機会の減少は、確実に人材定着や社内の人間関係に悪影響を及ぼしますので、これまで以上にさまざまな気配りや工夫が必要になります。

中小企業の中には従来、労務は経理の付随業務的感覚のところもありましたが、数年前から徐々に労務は経営の中核という感覚へ変化していることを感じています。コロナ後はこれが一気に加速するのだと思います。

今回の出版に当たっても、あたたかな目で私の執筆を支えてくれた家族と事務所スタッフにまずは感謝します。中でも、働く人の視点から原稿を丁寧にチェックしてくれたスタッフには重ねて感謝します。また、本書の制作・出版に関わっていただいたすべての皆様へ、この場を借りて心より感謝申し上げ、結びとします。

２０２０年８月

社会保険労務士　川越　雄一

著者紹介

川越 雄一（かわごえ・ゆういち）

社会保険労務士

1958年宮崎県生まれ。企業勤務を経て1991年に川越社会保険労務士事務所を開業し、企業の労務指導に携わる。一見順調に見えるものの二十歳前にはニートを経験するなど苦労人でもある。その経験を踏まえ、法律と経営をベースに、人の気持ちに配慮した労務指導は実践的で分かりやすいと定評がある。特に、従業員の採用・定着支援は、自身の従業員雇用経験をもとに展開されており、他に類を見ない。16年以上配信中のメールマガジン「割烹着社労士 川越雄一・労務のかくし味」は内容が中小企業にピッタリで読者多数。さらに、著者の日常生活を描いたブログは、思わずクスっと笑える内容で毎日投稿を続けている。著書に『小さくてもパートさんがグッとくる会社』『ベテラン社員さんがグッとくる“終わった人”にさせない会社』『欲しい人材がグッとくる求人・面接・採用のかくし味』（労働調査会）など。人を大切にする経営学会会員。

川越社会保険労務士事務所 https://www.kawagoe-roumu.jp

スグできる！ 人材定着25の実践
もう誰も潰さない！辞めさせない！

令和2年9月30日 初版発行

著 者 川越 雄一
発行人 藤澤 直明
発売所 労働調査会
〒170-0004 東京都豊島区北大塚2-4-5
TEL 03-3915-6401
FAX 03-3918-8618
https://www.chosakai.co.jp/

企画・編集協力 インプルーブ 小山睦男
ISBN978-4-86319-813-5 C2030